工学部ヒラノ教授と七人の天才

今野浩
Hiroshi Konno

青土社

工学部ヒラノ教授と七人の天才　目次

工学部ヒラノ教授と七人の天才

はじめに

ヒラノ教授はここ数年、〝工学部の語り部〟として、理工系大学の実態を紹介する本を書き続けてきた。工学部関係者の多くが知っているが、〝誰も書かなかった（書けなかった）こと〟を包み隠さずに書いたノンフィクションである。

当初ヒラノ教授は、このような本には読者がいないのではないかと危惧していた。なぜなら、これらの本に登場するエンジニアは、〝一般書は買わない、読まない、タダでもらえば稀に読むことがある〟人種だし、文系人は、エンジニアが書いた本には見向きもしないと思っていたからである。ところが幸運なことに、このような本にも一定数の読者がいることが明らかになった。

かつて、高名な経済評論家が、「大岡山（東京工業大学）に住んでいるのは、変な奴ばかりだ」と喝破したことが示す通り、文系人は大岡山の住民を、『バック・トゥー・ザ・フューチャー』に登場する〝ドク〟（タイムマシン・デロリアン号の発明者）のような人だと思っているらしい。

ヒラノ教授は、経済評論家の言葉に五〇％同意する。なぜなら、大岡山の住民の半分は、〝かなり〟変わった人だからである。かなり変わった人の半分は、〝とても〟変わった人である。そして、とても変わった人の中には、常人の想像を超える〝すごい人〟がいる。

ヒラノ教授は、一九六五年に東京大学工学部の修士課程を出て以来、電力中央研究所、筑波大学、東京工業大学、中央大学という四つの研究機関に勤務した。

一つ目は設立八年目の民間シンクタンク、二つ目は新設の国立大学、三つ目は一〇〇年以上の歴史を持つ理工系国立大学、四つ目はこれまた一〇〇年の歴史を持つ私立総合大学の理工学部である。

どの職場にも、常人離れした人が大勢住んでいた。しかし、常人離れ係数がとび抜けて大きかったのは、東京工業大学である。この大学は、高級住宅地として知られる田園調布の二つ隣の大岡山駅前にある、〝日本のＭＩＴ（マサチューセッツ工科大学）〟と呼ばれる大学である。

ライバルの東大――もっとも東大生は、東工大をライバルとは思っていないらしい――に入る学生が、英・数・国・理・社をソツなくこなす楕円型秀才であるの対して、東工大に入るのは、理・数に突出した才能を持つ人が多い。

数学と物理はメチャメチャできるのに、literatureという単語も知らないフレッシュマン（あまり英語ができなくても入れる東工大万歳！）。

いかなるコンピュータの不具合でも、あっという間に直してしまう一方で、八〇〇字の報告書作りに二週間を費やす情報工学科助手（国語が苦手でも入れてくれる東工大万歳！）。

年に二〇編の論文を書きまくる一方で、高校時代以来一冊の小説も読んだことがないと豪語する応用化学科教授（一般教養が無くても生きていける東工大万歳！）。

教務部長として、年に七〇〇回の会議に出席する合間に、講義・実験・論文書きをこなす、応用化学科のモーレッツ教授（一回二時間の会議が七〇〇回ということは、夏休みなどを除く三五週にわたって、ウィークデーは九時から五時まで会議ばかりということである）。

二泊三日のアメリカ西海岸出張から戻ったあと、成田空港から大学に直行して博士論文の審査会に出て、翌日また二泊三日のロンドン出張に出かける、外務大臣より忙しいトラベリング・プロフェッサー、などなど。

工学部教授の多くは、年間三五〇〇時間働く〝仕事人間〟である。念のために付け加えれば、三五〇〇時間とは、五〇週にわたって毎週七〇時間働くことである。有力大学工学部の壮年教授の二人に一人は、このくらい働いている（体力が無ければやっていけない工学部教授万歳、とは言えません）。

こんなに働けば、身体を壊してもおかしくない。その通り。東工大では、急死する壮年教授が後を絶たない。

ヒラノ教授が学生だった時代（昭和四〇年代）であれば、これらモーレツ教授は、平穏な晩年を迎えることが出来ただろう。しかし今では、定年まで勤め上げても、熟年離婚や濡れ落葉という悲しい老後が待っている。

そうなることが分かっていても、彼らは働き続ける。研究は面白いし学生は可愛い。そして、絶対にＭＩＴやスタンフォードに負けたくないからだ。ではその成果は上っているのか？

ロンドン・タイムズ紙が発表した、二〇〇七年度の世界大学ランキング（工学系）では、東大が九位、東工大が二二位にランクされていた。ところが、二〇一三年度には東大が二八位、東工大が五〇位とランクを下げてしまった。

下がった理由はいろいろあるが、その一つは、二〇〇五年に実施された国立大学の独立法人化によって、研究環境が劣化したことである。

研究費と給与のカット、事務処理量の激増と事務職員の大幅削減、授業期間の四週間（二〇％）増、政治家や（文系）知識人の工学部軽視、そして極めて不透明な将来展望。これだけの悪条件が重なる中でも、東工大が五〇位に踏みとどまっているのは、驚くべきことである。

しかしヒラノ教授に言わせれば、欧米の機関が発表する大学ランキングは、日本の大学にとって極めて不利なシステムである。アングロ・サクソン・バイアスを取り除いて、より公平に評価すれば、日本の理工系大学はもっと上位にランクされるはずだ。

最近は、アメリカやイギリスだけでなく、中国までもが、自国の大学に有利な方法を使って世界大学ランキングを発表している。ところが、日本でこのようなことをやっている機関は、寡聞にして知らない。

東京大学が、入学時期を秋にずらそうとした理由の一つは、学生たちに留学経験を持たせるとともに、優秀な外国人留学生を招き入れることだと言われている。ロンドン・タイムズなどが、外国人留学生の比率を重視しているためだが、これは明らかに英語圏の大学に有利な基準である。

東京大学は、欧米基準に合わせて、日本の若者に犠牲を強いるのではなく、大学院カリキュラムの充実を図って、大学のクオリティを高めるとともに、日本式大学評価システムを作って、アングロ・サクソン・アンド・チャイニーズに対抗すべきではないだろうか。

もう一つ忘れてならないことは、欧米の有力大学は、日本の大学に比べて、桁違いの資金を武器に戦っているという事実である。

たとえば（リーマン・ショック以前の）ハーバード大学は、約三兆円の金融資産を持ち、その運用益の中から、毎年八〇〇億円を大学に運営資金として提供していた。八〇〇億円と言えば、東工大の年間予算より大きい。

ハーバードだけではない。イェール、プリンストン、スタンフォードなど、米国の有力大学の多くは、一兆円を上廻る自己資金を持ち、新規分野への投資を怠らない。

これに比べると、日本の大学は貧しいとしか言いようがない。東工大の自己資金は、ハーバードの一〇〇分の一以下である。単位資金投入量でアウトプットを割れば、日本の有力大学の理工系部門は、更に上位にランクされるはずだ。

日本の大学が貧しい理由はいろいろある。まずは、〝大学には国がお金を出すべきだ、そして実際に大金を出している〟と考えている人が多いことである。ところが事実はどうかと言えば、大学に対する投資は一兆五〇〇〇億円程度、GDP比率で見れば〇・三%に過ぎない。これはOECD諸国の中で、下から二番目という不名誉な数字である。

日本の大学が貧しいもう一つの理由は、欧米に比べて企業や個人の寄付が少ないことである。たとえば、東京大学が創立一〇〇周年記念事業の一環として、一〇〇億円を目標とする募金を行ったとき、集ったのは半分以下の四〇億円に過ぎなかった。また東京工業大学が、一〇〇周年事業で二〇億円を集めようとしたときも、一二億円しか集らなかった。

お金が集まらなかった理由は、大学側の熱意が乏しかったことと、卒業生が募金活動に冷淡だったことである。アメリカの大学が、いかに貪欲に資金集めをやっているかを知る者としては、まことに歯がゆい限りである。

たとえば、一九九八年に創立一〇〇年を機に、一一億ドルを目標とする募金計画を立てたスタンフォード大学は、全学を総動員して、目標を五〇%上回る一八億円ドルを集めている（執拗な勧誘に負けて、ヒラノ教授は二回に分けて一〇〇〇ドルも払わされてしまった）。

東京大学は、二〇二〇年に向けて、いま二〇〇〇億円を目標とする募金活動を行っている。しかしヒラノ老人には、いまだに勧誘の手紙が届いていない（一回来たくらいでは、出す気にならないだろうが）。このようなことで東大は、目標を達成することはできるだろうか。

東大生や東工大生は、なぜ母校にお金を出さないのか。大学が熱心でないこともさることながら、日本の大学はごく最近まで、アメリカの有力大学のような、〝うっとりする〟空間ではなかったからである。

スタンフォードやプリンストンなど、アメリカの一流大学のキャンパスを訪れたことがある日本人は、その豪華でエレガントなことに圧倒されたはずだ。現地まで足を運ばなくても、これらの大学のホームページを開けば、多くの人はその素晴らしさに驚くことだろう。

一方の東京工業大学は、〝工業〟という名前から連想される通り、ついこの間までは、安普請の建物が互いに脈絡なく立ち並ぶ薄汚い場所だった。

しかしここ二〇年の間に、国立大学のキャンパスは見違えるほど綺麗になった。うっとりするとまではいかないものの、熟年ＯＢがキャンパスに足を踏み入れれば、豪華な施設に驚くだろう。このような環境でキャンパス・ライフを送った学生たちは、大学に愛着を覚えるようになるかもしれない。その上わが国も急速に格差が拡大し、大金持ちがふえている。

ヒラノ教授が十数年前から学生諸君に向かって、「年間可処分所得が一〇〇〇万円を超えたら、そのうちの一％（以上）を大学に寄付して下さい」と連呼し続けたのは、目の前にいる学生の中から、大金を稼ぐ人が大勢出現する可能性を考えての事である。

二〇世紀後半のわが国の繁栄を支えたのは、理工系大学である。経済評論家の中には、製造業の時代は終ったと主張する人がいる。しかし仮にそうであったとしても、資源が乏しい日本の未来を支えるのは、技術であり知恵である。

この意味で、最も熱心に研究・教育に取り組んでいる理工系大学の役割は、依然として極めて大きい。世界を相手に頑張っている理工系大学が力を失えば、日本は間違いなく衰退への道をたどるだろう。

困窮する理工系大学は、産業界に対して支援を求めている。しかし彼らは、すぐ役に立つ研究にしかお金を出さない上に、景気が悪くなればたちまち蛇口を閉める。日本の大学は、今後企業だけでなく、裕福な個人を当てにすべきだというのが、ヒラノ教授の年来の主張である。

しかし何もしなければ、大学に廻る資金は微々たるものだろう。なぜなら人々は、理工系大学の実態を知らないからである。そしてその責任の一端は、それを知りながら人々に伝えようとしないジャーナリズムと、自らの窮状を一般の人々に知ってもらう努力を怠ってきた大学人自身にある。

誰かがやらなくてはならないにもかかわらず、誰もやろうとしない仕事。それが理工系大学を世間にアピールする仕事である。

ヒラノ教授は、『工学部ヒラノ教授』（新潮社、二〇一一）に始まるヒラノ教授シリーズで、工学部の実態を紹介してきたが、この本では、東工大で過ごした一九年間に出会った、特別にすごい〝大岡山七人の天才〟を紹介することにしよう。

彼らの尋常ならざるキャンパス生活と人となりを知ることによって、現役時代に巨大な富を蓄えた人々が、理工系大学に対する支援を考えて下さることを期待しつつ、はじまり始まり。

第一章
文理両道の大教授

ヒラノ教授が、子供の頃から馴染みがある東工大に移籍したのは一九八二年、今からおよそ三〇年前である。

新しい職場は、文系の一般教育を担当する「工学部人文・社会群」である。ラグビー部のように、「前に出ろ！」と声を掛け合うエンジニア集団の中で、悠然と暮らすこの文系教官組織を、学生たちは〝東工大のオアシス〟と呼んでいた。

その一方で、国際競争の場で戦っているエンジニア教授は、日本人だけを相手にサーフィンしている文系教官を、エイリアンと見なしていた。

自分たちが週六日（もしくは七日）働いているのに、週に三日だけ大学に出てきて、低学年向けの〝どうでもいい〟講義をやったあとは、自宅で商業雑誌の原稿を書いたり、講演会やテレビに出まくっている、けしからぬ輩だと思っているのである。

当時の国立大学では、一般教育担当教官と専門教育担当教官の間には、二段階の格差があった。給料は高々（大学院手当分の）八％しか違わないものの、研究費は専門担当教官の三分の一以下、研究スペースは五分の一、そして学内での発言権は、おおむね一〇分の一といったところである。

しかし東工大は、ほかの国立大学と少々違っていた。戦後の激動期に学長を務めた和田小六氏は、理系オタクの発生を防ぐべく、文系教官優遇戦略を採用した。研究費とスペースは通常の大学の五割増し、文部省の規定では一七人しかない教官ポストを、五人分追加配分したのである。

この作戦のおかげで、永井道雄（教育学）、宮城音弥（心理学）、伊藤整（文学）などのスター教授が集まってきた。そしてそれからあとも、東京駅から三〇分という地の利と、日本のＭＩＴというステータスに惹かれて、次々と有力な文系スターがやって来た。

ヒラノ教授が赴任した一九八二年当時の人文・社会群の教授陣は、（五〇音順で）穐山貞徳（心理学）、江藤淳（文学）、川嶋至（日本語・日本事情）、香西泰（経済学）、道家達将（科学史）、永井陽之助（政治学）、福田豊彦（歴史学）、前原昭二（論理学）、吉田夏彦（哲学）という大物一匹狼たちの集まりだった。

これら文系スター教授は、しばしばジャーナリズムに登場して、東工大を世間にアピールする上で、重要な役割を果たした。但しこれらの人の多くは、大学のために働いていたわけではない。好き勝手にやっていたら、たまたま大学のイメージ・アップに繋がっただけの話である。

さて、大岡山に生息する凄い人——かつての同僚である大奇人・白川浩氏が言うところの〝バケモノ〟——たちのトップ・バッターは、かねて〝ヒラノ教授シリーズ〟にしばしばご登場願った、文理両道の大哲学者・吉田夏彦教授である。

一九六一年春、工学部の応用物理学科に進学したヒラノ青年は、「計算機を理解するためには、論理学を学ばなくてはならない」という先輩の言葉を信じて、父の本棚から一冊の本を取り出した。

書名はそのものずばり『論理学』、著者は吉田夏彦、出版社は培風館である。奥付に記された著者略歴には、一九二八年生まれ、北海道大学哲学科助教授、専門は哲学・論理学とある。初版が出たのは三年前の一九五八年だから、三〇歳の若さでこの本を出したことになる。

〝かっこいい人だなあ〟。早熟な天才・吉田夏彦助教授の名前は、ヒラノ青年の脳裡に深く刻み込まれた。

難解な教科書が多い中で、〝一階の帰納論理〟を扱ったこの本は、とても分かり易いものだった。しかし、計算機そのものには関心がなかったヒラノ青年は、その後、論理学とは無縁の世界で過ごすことになった。

はじめて吉田先生にお目にかかったのは一九七五年の夏、場所はウィーンである。ウィーン郊外のラクセンブルクに設立された、「国際応用システム分析研究所」の研究員を務めていたヒラノ青年は、通産省傘下の「余暇開発センター」の研究主幹を務める斎藤精一郎氏から、〝吉田教授夫妻が、ヨーロッパの余暇事情調査を行う旅の途中に、ウィーンを訪れることになったので、宿の手配などよろしくお願いします〟という手紙を受け取った。

滞在期間は、土曜の午後から月曜の朝までである。要人のホスト役は慣れっこだったが、それまでの訪問者はすべてエンジニアで、滞在時間は一日程度だった。ところが今回は、〝夫人同伴の大哲学者〟が、四八時間も滞在されるというのだ。

エンジニアと違って、哲学者からはどのような話題が飛び出すか、全く予想がつかない。また夫人同伴となれば、宿にも市内エスコートにも、細心の注意が必要とされる。研究所の事務局に頼んでおけば、宿とオペラのチケットを割安な値段で手に入れる事ができるが、運悪く夏の間オペラはお休みである。

そこでとりあえず、ウィーン中心部にある一流ホテルのスイート・ルームを四割引で予約した。土曜の夜は、市内のワインケラーでソーセージとワイン。日曜の午後は聖シュテファン教会、シェーンブルン宮殿、ケルントナー通りの商店街で時間を潰せばいい。

四六歳の吉田教授は、〝哲学者〟というラベルからは想像できないような気さくな人だった。

一方の奥様は、斎藤氏が言うとおりの賢夫人で、口数こそ少ないものの、日常生活に関わるすべてを、この人が取り仕切っているものとお見受けした。天才は概して世事に疎いから、社会生活を送る上で、気配りがある奥様の存在が不可欠である。吉田教授も例外ではなかった。日曜の夜までは計画通りの進行だった。調子が狂ったのは、夫妻をホテルに送り届けてからである。

「折角の機会ですから、部屋でブランデーでもいかがでしょう」と誘われたヒラノ青年は、スイート・ルーム見たさに招待に応じた。それは誠に格調が高い部屋だった。

ヘネシーXOのボトルを前に、夫人を交えて一五分ほど雑談し、そろそろ引き揚げようかと思ったところに降ってきたのが、「君は超能力の存在を信じますか?」という質問だった。超能力について調べているのだが、〝新進気鋭の統計学者〟の意見を聞かせてもらいたいというのである。

ヒラノ青年は、新進気鋭かもしれないが、統計学者ではない。学生時代に日本の統計学の大家たち――増山元三郎、森口繁一、鈴木雪夫、竹内啓、吉村功氏ら――が顔を揃えるゼミでの激しいやり取りに消耗して以来、統計学には近づかないようにしていたのである。

ところがスタンフォード大学に留学してから、博士資格試験にパスするため、それまで逃げまくってきた統計学を勉強しなくてはならない立場に立たされた。四五単位の統計科目を履修したヒラノ青年が、〝統計学修士号〟を手に入れたのは、ＯＲの博士号を取ったのと同じ一九七一年である。

超能力とは、常人が持ち得ない能力のことをいう。そこで良く例に出されるのが、歪みがないボールを床に落としたとき、右にはねるか左にはねるかを言い当てるゲームである。右にはねる確率は二分の一、左にはねる確率も二分の一だから、ふつうであれば一〇回やって八回以上言い当てるのはかなり難しい。しかしこの程度では、誰もこの人が超能力を持つとは考えないだろう。一〇人に一人くらいは、まぐれで八回以上言い当てる人が居るからである。では一〇〇回中八〇回以上言い当てたらどうか。

こういうときに使われるのが、統計学の知識である。普通の人が、一〇〇回中八〇回以上正しく言い当てる確率はいかほどか。統計学修士であれば、その確率が五億分の一程度であることは常識である。つまり、五億回に一回しか出来ないことが出来たのである。では、この人は超能力を持つと言えるだろうか。

自然科学者や技術者の中で、超能力の存在を信じる人は少ない。大半の現象は、如何に不思議なものであっても、人間の知識が不十分だからそう思うのであって、科学が進歩すればその理由が分るはずだ、と考える人が多いのである。実際、そういう人たちの努力によって、不思議な現象が必然的な理由によって生起することが明らかにされてきたのである。

〝新進気鋭の統計学者〟は、もちろんその一人である。一〇〇回中八〇回言い当てたら、まぐれとは言いにくい。だからと言って超能力とは即断できない。何故なら、ボールに何かの仕掛けが施してあって、被験者が右にはねる確率が二分の一より大きいことを知っていたかもしれないし、床が傾いていて低い側、すなわち右側にはねる確率が高いのかもしれない、エトセトラ。

ところが吉田教授は、様々な現象を詳しく調べた結果、超能力の存在を認めざるを得ないケースがあるのだという。こうして二人は、超能力の存在をめぐって、ロール・プレイング・ゲームを展開することになったのである。

ヒラノ青年は、吉田教授が次々と打ち出す球を跳ね返すべく、全力を傾けた。はじめのうち議論に耳を傾けていた吉田夫人は、いつの間にか別室に姿を消した。封を切ったばかりのヘネシーは次第に減っていく。

議論が終了したのは、ボトルが空になったときである。気がつけば、時計は一時を廻っていた。ホテルに戻ったのは一〇時すぎだから、三時間近く議論していたことになる。帰り際に吉田教授は、

「久しぶりに楽しい議論が出来ました。今回は本当にお世話になりました」と言って下さったが、もちろんこれは社交辞令である。翌朝目を覚ましたヒラノ青年は、ヘネシーXOを空に

してしまったことを申し訳なく思う一方で、日本一の哲学・論理学者と議論して〝負けなかった〟ことを誇らしく思っていた。

青くなったのはその後まもなく、エッソ・スタンダード社の広報部から、『エナジー対話』という冊子の第二号『人間と数学』が送られてきたときである。

B5版で一〇〇ページ余りのこの本は、数学基礎論が専門の赤摂也教授（立教大学）と、論理学・哲学が専門の吉田夏彦教授が、四日にわたって行った対談をもとに編集されたものである。読み始めたヒラノ青年は仰天した。

〝若いころは理科を専攻しようと思っていたが、より高いところからこれらの学問を俯瞰するためには、哲学をやった方がいいと考えた。そしてそれから二〇年余りを経て、その目的を達した〟という自己紹介文にある通り、吉田教授は哲学・論理学だけでなく、物理も数学も専門家並みの知識を持っているのだ。

赤教授は、日本が世界をリードする数学基礎論のスター教授だから、数学者並みの数学知識が無ければ、対談は一方通行になってしまう。しかしこの対談は、栃錦と若乃花ががっぷり四つに組んだ大相撲を思わせるものだった（後に朝日新聞社から単行本として出版されたことが、この対談の質の高さを物語っている）。

編集後記によれば、この対談が行われたのは、吉田教授がウィーンから帰って間もない頃である。吉田教授はすべてを知っていて、新進気鋭の〝統計学者〟をからかっていたのだ。ヒラノ青年はこの記録を読んで、完全にノックアウトされた。

文理両道の吉田教授は、統計学についても（細部はともかく）本質的な部分は熟知していたはずだ。このような人を相手に三時間も議論した若造は、お釈迦様に唾を吐きかけた孫悟空のようなものである。

こうして吉田教授は、ヒラノ青年にとって顔を合わせにくい人の一人になった。ところが運悪く、それから十数年にわたって、この人と本格的にお付合いすることになるのである。

高度成長を続けたわが国で、〝日本人は働き過ぎてはいないか〟という反省が生まれたのは、六〇年代末である。この空気を表したのが、一九七〇年に電通の藤岡和賀夫氏が作った、〝モーレツからビューティフルへ〟というコピーである。

高度成長政策の司令塔である通産省は、世の中の変化を敏感に受け止め、早速「余暇開発室」を設置した。では〝余暇〟と〝開発〟はどう結びつくのか？

通産省の意図は、〝余暇をベースとする新たな産業・マーケットを生み出そう〟ということだったのだろうが、この年に設立された財団法人「余暇開発センター」の理事長に就任した元通産次官の佐藤滋氏は、並みの通産官僚とは次元の異なるビジョンを持っていた（この人は、城山三郎のベストセラー『官僚たちの夏』のモデルになった人である）。「産業としての余暇だけでなく、人間にとって余暇とは何なのかを研究する必要がある」という佐橋所長の意向を受けた斎藤研究主幹は、同僚の松田義幸研究主幹と知恵を絞った。

〝このような哲学的テーマの研究には、哲学者の協力を仰ぐ必要がある――〟。こう考えた二人は、吉田教授に白羽の矢を立てた。そしてこれが、「余暇開発センター」にとって最高の選択になったのである。

最初のとっかかりは、余暇先進国であるヨーロッパ諸国の余暇事情調査をお願いすることである。所長から全権を与えられた二人は、最高の条件でヨーロッパ調査旅行を依頼した。吉田教授にとっては、これがはじめての夫人同伴海外出張だった。しかも調査内容が〝余暇〟事情だから、調査の合間に充分な余暇時間が織り込まれていた（ウィーン訪問はこの一環である）。

この時以来、吉田教授は余暇開発センターの知恵袋になった。そしてセンターが、年間一〇〇〇億の利益を上げていた日本アイビーエム社の支援を得て、毎年一回開催する国際会議で、この人が毎回実行委員長を務めることになるのである。

当時筑波大学に勤めていたヒラノ助教授は、一九七五年から八〇年まで、一年おきに開かれる「筑波会議」と「国際経済・経営会議」の企画と実施に当たって、吉田教授とお付き合いすることになった。

この会議は、〝企業経営の未来〟だとか〝人間にとって働きがいとは何か〟といった漠然としたテーマをきめた上で、海外から一ダース、国内から二ダースほどの論客を集めて、三日わたって好き放題のことを喋らせるもので、その企画委員長を務めるのは、いつも吉田教授と決まっていた。

わずかばかりの謝礼で、大哲学者が六回もこんな仕事を引き受けたのはなぜか？　ヒラノ助教授は、それが知的好奇心と、斎藤・松田両氏に対する義理を果たすためであることを知っている。

委員長を務めるにあたって、身内の若手の売込みを図ったり、海外の大物に恩を売って、将来見返りに招待してもらおうと考える人が多い中で、全く私心がない吉田教授は、〝知恵は出すが口は出さない〟理想の委員長だった。

三日にわたるシンポジウムの最後を締め括る「総括セッション」は、特に大事な意味を持っていた。海外から招いた論客や、栗本慎一郎、佐藤隆三、竹内啓、渡部昇一らのメンバーが言いたい放題を尽くし、完全に発散してしまった議論を、ここで一つのストーリーにまとめあげなくてはならないからである。

前後左右、東西南北に散らばった様々なピースを、一つの絵柄にまとめる――。このようなことが出来る人は、文理両道、博賢強記の吉田教授しかいない。

シンポジウムの最後を締め括る委員長スピーチは、後に文章化されるのであるが、話し言葉がそのまま文章になる人は、ヒラノ教授が知る限り、吉田教授を除けば江藤淳教授くらいのものである。

会議が終ったあとの慰労会で、吉田教授の飾らない謙虚な人柄に接して、ヒラノ青年はウィーンでの「久しぶりに楽しい議論が出来ました」という言葉は、お世辞ではなかったかもしれないと思うようになった。

それが確信に変わったのは、一九八一年の秋に吉田教授から、

「東工大に移る気はありませんか」とサウンドされたときである。

東工大の人文・社会群といえば、日本を代表する文系エースたちの集まりである。碌な実績もないのに、統計学教授として呼んでもらえたのは、吉田教授がウィーンでのロール・プレイング・ゲームを覚えておられたからに違いない。あれが無ければ、統計学者ではない人物を呼ぼうとは考えなかったはずだ。

筑波で辛酸をなめていたヒラノ青年は、即座に移籍を受諾した。

外からは優雅なオアシスのように見える人文・社会群が、実際には問題含みの組織であることは、吉田教授の言葉から想像できたことである。

東工大は古くから、民青の拠点校として鳴らした大学である。そして人文・社会群の主と称される道家教授は、民青の東工大支部長を遠山啓教授から受継いだ大物である。またこの学科の歴史・科学史・技術史のポストは、かねて左翼陣営の拠点になっていた。

これに対して、江藤教授は真右、永井・吉田教授も明らかに右である。そして残り一〇人も、いずれかといえば右だから、一昔前であれば、左右の対立は深刻だったはずだ。

しかし八〇年代に入ると左翼陣営は力を失い、表立った争いは影を潜めていた。右の吉田教授と左の道家教授が、肝胆照らし合う仲だと知って驚いたくらいである。二人の教授は、思想の壁を越えて、人文・社会群の運営に協力していた。

もう一つの、より深刻な問題は、博士グループと非博士グループの二重構造である。博士号をもつ人が、社会工学科の大学院担当教官というラベルをもらえるのに対して、博士号を持たない人は一般教育科目しか担当できないのである。

権威主義の江藤教授は、このラベルを手に入れる目的で、文学博士の学位を取った。一方の吉田教授は、そのような〝はしたない〟ことをする気はなかった。そもそもこの時代、哲学者で博士号を持つ人はほとんどいなかったのである。

吉田教授ほどの碩学を、博士号がないというだけの理由で、大学院担当から外すのはいかにも勿体ない。周囲は、この壁をクリアするためあちこちに働きかけたが、いつまで経っても実現しなかった。

吉田教授にこの資格を与えれば、（博士号がない）外国語担当教官が黙っていない――。ところが江藤教授は、博士号がない人たちを一把ひとからげにして、〝あの人達〟と呼んでいた。七〇年代半ば、吉田教授は住み心地が悪い東工大を辞めて、新設された筑波大学への移籍を考えたようである。北大の学生だった時代に、吉田家に良く出入りしていた、福田信之筑波大学副学長に強く誘われたためである。

福田副学長は、反対派の抵抗を押し切って、東京教育大学の筑波移転を実現させた大物である。移転に反対した文系学部のスター教授の多くは、筑波行きを拒否して他大学に移籍した。一流教授のあとを埋めたのは、二流の人もしくはタカ派教官だった。かくして、筑波の文系学部は無残な状況に陥った。

反共と原理で鳴らした福田副学長だが、若い頃は〝まともな〟物理学者だったということだ。吉田教授は、幼少時代に兄のようにかわいがってくれたこの人にシンパシーを覚えていた。また筑波に移れば、一般教育として哲学を教えるのではなく、後継者を育成することができる。

東工大に留まったのは、夫人とその兄である赤教授が反対したためではないだろうか。そう考える理由は、赤教授が立教大学から一旦教育大学に移ったあと、僅か五年で立教大学に舞い戻っていることである。

しかし、吉田教授を東工大に引き止めた決定的な出来事は、親友である前原昭二筑波大学教授の人文・社会群への移籍だろう。学部長まで務めた大数学者が、一般教育組織に移籍するのは前代未聞である。

筑波大で数学科の教官を兼務していたヒラノ助教授は、前原教授の苦労を十分承知していた。この人は、教育大学の理学部長を務めていた時に発生した、非正規職員（常傭員）の解雇事件以来、左翼グループの標的にされてきたのである。

吉田教授は言っていた。

「人文・社会群は住み難いところだったが、いい仲間が集まったので少し住み易くなった」と。一時は筑波移籍を考えたが、前原教授が来たことで状況が変わった。そのあとスカウトされた、芸術助教授や文学助教授もなかなかの人物だった。

「悪い奴が連れて来たからといって、悪い奴とは限らない」というのが吉田教授の口癖だったが、これは永井教授や江藤教授の推薦でやってきた人を指していたのだろう。

八二年に東工大に赴任して以来、八九年に吉田教授が停年退職されるまでの八年間、文理両道の〝ブンジニア〟を目指すヒラノ教授は、吉田教授に私淑して暮らした。特に主任を務めた二年間、厄介な案件があるときは、会議に先立って吉田教授のオフィスを訪れ、アドバイスを求めた。

吉田教授は記憶の糸を手繰り寄せ、〝その件は、○△さんが主任のときに、こう決まったはずだ〟とアドバイスして下さった。この学科の会議で、議事録を作らないで済んでいるのは、博覧強記の吉田教授が居たからである。

八〇年代半ば、人文・社会群は世代交代期にあたっていた。八五年に永井教授が停年で辞めた。八七年には前原・飯田両教授も停年になる。八九年三月に吉田・道家両教授がそろって停年退官したあと、この学科はどうなるのか。

はっきり言おう。重石が外れた江藤教授を、誰がどうやって制御するのか。香西教授は外の仕事が多いので頼りにならない。筑波からスカウトした我妻洋教授（文化人類学）は病気がちである。川嶋教授が江藤教授に逆らうことはあり得ない。

若手教官の心配を知ってか知らずか吉田教授は、「停年後はギリシャ語を勉強して、アリストテレスとプラトンを原語で読みたい」と、隠遁生活をほのめかしていた。しかし、これだけの碩学を周囲が放っておくはずがない。

予想通り、吉田教授は停年と同時に、お茶の水女子大学文学部の哲学担当教授に迎えられた。予想どおりと書いたのは、吉田教授が長い間、実質的にこの大学の教授を兼務していたからである。

東工大の吉田ゼミには、かねて何人ものお茶大生が顔を出していた。仕立てのいいダーク・ブルーの背広に身を包んだ紳士は、お茶大生の人気の的だった。

吉田親衛隊の麗人集団に目がくらんだ東工大生は、東工大―お茶大合併構想を熱く論じていたが、同じ文京区にある東大ブランドが大好きなお茶大生は、大岡山の東工大生ごときには目もくれなかった。

女子学生が頻繁に出入りする吉田ゼミには、しばしば一人の熟年女性が姿を見せた。他ならぬ吉田夫人である。江藤教授は、

「若い女に旦那を取られるのが心配で見張っている」と言っていたが、それは〝文学者の勘繰り〟というものだ。何故なら、吉田教授以上に義理堅い人は居ないからである。

義理堅いだけではない。北大の大教授の御曹司であるこの人は、誠に品がいい人だった。江藤教授がお好きでなかったにも拘らず、決して悪口を口にすることはなかったし、一般教育担当教官として差別待遇されても、超然としていた。

相談事があるときは、自由が丘に出て、「モンブラン」の喫茶室。店の前で、

「こんなところでよろしいですか?」と聞いて下さった。

もう一つ言えば、この人は徹底した原理原則の人、こだわりの人だった。八四歳になる今日まで〝旧仮名遣い〟を通していることから言っても、その本格さがわかるだろう。

残念ながら停年後は、吉田教授と直接お目にかかる機会はほとんどなかった。名誉教授が大学を訪れるのははしたないことだ、というのが東工大の伝統だから、停年後吉田教授は、特別なイベントに招待された時以外は、キャンパスに足を踏み入れることはなかったのである。

一番最近教授にお目にかかったのは、一九九六年六月に「大学院社会理工学研究科」が設立され、人文・社会群が「価値システム専攻」に生まれ変わったときである。

人文・社会群にとって、〝大学院化〟は年来の夢だった。博士号を持つ人は、社会工学専攻の大学院担当教官として、大学院生の指導ができるのに対して、持たない者は一般教育担当として、その他大勢の学生の講義を担当するだけという二重構造は、この組織に大きな亀裂を生んだ。

これを解消するには、独自に「人文・社会科学科」を設立し、その上に「大学院人文・社会科学専攻」を作るしかない。しかしこれをやると、一般教育・学部教育・大学院教育で、教官のロードは三倍に増える。

オアシスでのんびり過ごしてきた文系教官が、ラグビー部でスクラムを組めるとは思えない。考えうるただ一つの方法は、最も手間がかかる学部教育を外して、一般教育と大学院教育だけをやる〝中抜き大学院〟を作ることである。これなら週五日練習のラグビー部ではなく、週一日練習のテニス・サークルですむ。

しかし文部省は、そのようなうまい話を認めないだろう。また専門教育担当グループは、テニス・サークルではなく、テニス部として毎日練習しろと言うだろう。こうして人文・社会群は、三〇年にわたって二重構造の中で苦しみ続けて来た。そしてその最大の犠牲者が、他ならぬ吉田教授だったのである。

ところが、九〇年代に入って急浮上した大学院重点化政策の中で、中抜き大学院構想が呆気なく実現されることになったのである。

大学院重点化を一言で言えば、予算・人事などの重要な意思決定を、学部から大学院に移行させることによって、国立大学の序列づけを行うための政策である。

大学院化のためにはいくつかの条件があるが、最も重要なのは、博士論文の指導ができる教官――これをDマル合教官という――が一定数を上廻ることである。Dマル合資格を得るための基本条件は、博士号と研究実績である。

東工大の場合、専門課程の教授・助教授は全員博士号を持っているが、Dマル合審査に合格するのは、このうち三分の二程度に過ぎない。一方、一般教育担当の人文・社会系教官の中で、博士号を持つ人は半数程度、外国語グループに到っては、二五人中一人だけという状態である。

大学執行部は、これまでの実績を評価して、人文・社会グループの大学院化を実現させたいと考えた。ここで応援を求められたのが、文系領域と接点を持つ経営システム工学科と社会工学科である。

これらの学科にとっては、ほとんどメリットがない話だが、学長から頼まれれば断るわけにはいかない。もし断れば、人文・社会群は大学院重点化から切り離され、はじめから下りてしまった外国語グループ同様、〝二級市民〟としての扱いを受けることになる。今までの実績から考えて、これでは気の毒ではないかというわけである。

こうして、経営システム工学科は苦渋の決断を迫られた。人文・社会群に何人かを送り出し、何人かを受け入れる。出たい人は誰も居ない。迎えたい人は居るが、相手が出さない。

こういうときは、弁の立つ側が強い。結局人文・社会群は、ほとんど何ものをも失うことなく、念願の中抜き大学院化を勝ち取るのである。

人文・社会群は創設以来、文系一匹狼の集まりとして、全国に令名を馳せた。古くは、文部大臣を務めた永井道雄教授、戦後の心理学ブームの火付け役・宮城音弥教授、文化人類学者でKJ法の発案者・川喜田二郎教授。そして八〇年代に入ってからも、永井、吉田、江藤の三巨頭を先頭とするスター教授たちが、その名声を維持してくれた。

三巨頭の中で、滅多に教授会に出ない永井教授は、エンジニアにとっては雲上人だった。江藤教授の文壇における令名は、（本を読まない）エンジニアでもよく知っていた。しかし、この人の攻撃的性格も学内で知れ渡っていた。〝偉い人だが怖い人〟。これが、東工大コミュニティにおける、江藤教授の最大公約数的評価だった。

一方、吉田教授に対する評価は、〝偉くて人間的にも素晴らしい人〟だった。毎月欠かさずに教授会に出席し、ラグビー部員の短絡的な発言を、理路整然とたしなめる吉田教授の勇姿を懐かしむ言葉を、ヒラノ教授は何度も耳にしている。

しかし、八〇年代末に大物教授が次々と辞めた後、人文・社会群はスター教授より、手堅い研究者の集まりに変わった。新聞・テレビに登場する人は何人か居るが、その露出度は以前とは比べものにならない。また吉田教授のように、教授会で堂々たる正論を吐く人もほとんど居なくなった。

重点化構想が持ち上った一九九四年、ラグビー部員たちのオアシスに対する憧憬の気持ちはまだ残っていた。人文・社会群がほとんど何も失わずに、〝二階級特進〟の待遇を享受することが出来たのは、吉田教授と江藤教授のおかげである。

一九九六年の夏、社会理工学研究科設立記念パーティーで、七年ぶりに吉田教授にお目にかかったヒラノ研究科長は、もう一〇年早くこの構想が実現していればどんなによかっただろう、と思わずにいられなかった。

吉田教授は現役を引退した後、テレビ番組にレギュラーとして出演されたこともあったが、今はかねての念願だった、アリストテレスとプラトンを原語で読みながら、時間を過ごされているのではなかろうか。

蛇足になるが最後に一つ。二〇〇九年にお届けした『すべて僕に任せてください』（新潮社）の中で、シュトルムの『白馬の騎士』について触れたところ、三日後に届いたお礼のメールに、以下のような嬉しいことが記されていた。

「先般お贈りいただいた御著書を、興味深く讀ませていただきました。またその中に、『白馬の騎士』に関する記述がありましたので、買い求めておきながら、そのままになっていたのを一気に讀みました。（中略）。御著のお蔭で、久しぶりに獨逸語の小説を讀む機会ができたことにもお禮申し上げたいと思ひます」

八〇歳を超えてなお、『白馬の騎士』をドイツ語で一気に読破する語学力と体力があるのは、驚くべきことではないだろうか（ヒラノ教授は、三〇代に一年間ウィーンで暮らしたにもかかわらず、今ではドイツ語は忘却の彼方である）。

第二章
三階級特進のロールズ助手

東工大に赴任した当時のヒラノ教授は、子供たちの学校の都合で筑波に住んでいたから、他の文系教授同様、週に三日しか出勤しなかった。

水曜の早朝に自宅を出て、一コマ一〇〇分の講義をやったあと（月一回の）教授会に出て、その夜は大岡山から一駅のところにある母の家で一泊し、翌日もう一コマ講義をやって筑波に戻る。そして土曜の早朝に家を出て、講義を一コマやったあと昼過ぎに大学を出て自宅に戻る、という〝ゆるゆる〟生活である。

筑波大学時代に、毎週七コマの講義と三〇時間の雑用をやらされていたのに比べると、誠にオアシスと呼ぶに相応しい勤務環境である。

一九八二年七月はじめの暑い日の昼、講義を終えて研究室に戻ると、ドアの前を色の黒いおじさんが行ったり来たりしていた。年の頃はヒラノ教授より五つほど上だろうか。

名乗った相手は、〝第四新館の怪人〟こと、哲学が専門の藤川吉美助手だった。少し話を聞いてもらえないかというので、部屋の中に招き入れると、藤川氏はたとえようもなく暗い表情で口を開いた。

「お忙しいところ、申し訳ありません」

「これから出かけるところがありますので、あまりゆっくりはできませんが、どのようなご用件でしょうか」と、〝怪人〟を相手に警戒を強めるヒラノ教授。

「一〇分ほどよろしいでしょうか」

「一時に出れば間に合いますので、三〇分くらいは大丈夫です」

「特別な用件はないのですが、アメリカ生活が長い先生にお話を聞いて頂きたいと思っていました」

「長いと言っても、精々五年くらいですが」

「私はこの間までハーバードに留学していましたが、日本の大学と余りにも違うので、ため息が出てしまいます」

「アメリカで最も競争力がある産業は大学だ、と言われているくらいですからね。ところで、ハーバードではどこに居られたのですか？」

「ジョン・ロールズ教授のところです」

「正義論で有名な方ですね」

「御存知ですか!!」。藤川氏は、エンジニアがロールズ教授を知っていることに驚いたようだった。

「ウィスコンシン大学に勤めていた七〇年代初めに、ロールズ教授が講演に見えたことがありました。経済学部の友人に誘われて聞きに行きましたが、満員で入れませんでした。それ以来、なんとなく気にかかっていましたが、二年ほど前に出た佐伯胖さんの本で、ロールズの正義論を勉強する機会がありました」

「佐伯さんの本なら、私も知っています。しかし、あの人はロールズを十分に理解しているとは言えませんね」

「そうですか。専門家からご覧になると、そういうことになるのでしょうか」

ヒラノ教授はこの年の四月から、二五〇人の一年生を相手に、「数理決定法入門」という講義を開講していた。その材料集めをしている段階で、東京理科大学の佐伯胖助教授（のちの東大教授）が出した、『決め方の論理』（東京大学出版会、一九八〇）という本を二読、三読する機会があった。

その中の二〇ページに及ぶ、ロールズの「正義論」に関する記述を読んだヒラノ教授は、競争社会アメリカでこのような主張をする人が居ることを知って、驚いたのである。

ジョン・ロールズは、イギリスの哲学者ジェレミー・ベンサム以来の〝功利主義的社会倫理〟を批判した、ハーバードの政治哲学者である。

功利主義的倫理感とは、人々が受ける効用の総和を最大にする政策が最善だとする考え方である。ところがこの原理に従うと、既に社会的に恩恵を受けている人に多くの富が配分され、底辺に居る人たちには富が廻らなくなる傾向がある。

ロールズは、このような社会的不公平を軽減するため、政策立案に当たって〝最底辺最優先の原則〟を採用すべきだと主張した。

これは、アメリカの主流経済学に対する根本的な批判である。佐伯教授が指摘しているように、この主張は経済学者の鉄壁の論理構成に比べれば、穴だらけのものである。しかし、一九七一年に発表された『A Theory of Justice』は、〝アメリカで生まれた最も重要な政治哲学書〟という評価を受けたといわれる。

ロールズの正義論は、日本で大ベストセラーになった、ハーバードのマイケル・サンデル教授の『これからの「正義」の話をしよう』（早川書房、二〇一〇）にも取上げられているので、ご存知の方も多いだろう。しかしこの本が出るまで、わが国ではあまり知られていなかったようである。

七〇年代の米国の政治、たとえばカーター政権は、ロールズの影響を受けたと言われている。

しかし一九八一年に就任したレーガン大統領は、これとは対極にある富裕層優遇による、〝強いアメリカ経済〟の復活を目指した。

この結果、アメリカ社会の格差は急激に拡大し、上位一%の人が富の四〇%を占有する〝超格差社会〟が生まれるのである。しかし、このような状況の中でも一貫して公正と正義を唱えたロールズは、ヒラノ教授にとって、〝アメリカの良心〟と呼ぶべき存在だった。

なお菅直人元総理が、(ロールズにあやかったのか)「最小不幸社会」を提唱したとき、経済優先のエコノミストやジャーナリストは、冷笑を浴びせるだけだった。

「ロールズ先生の謦咳に接して、やっと先生の言っておられる事が分かりかけてきました。私は一生かけてロールズに取り組むつもりです」

「私ももう少し勉強したいと思っていますので、これからいろいろ教えてください」とゴマをするヒラノ教授。すると藤川氏は、

「これはお近づきの印にお持ちしました」と言って、古ぼけた鞄の中から分厚い本を取り出した。

タイトルは『価値と正義の論理』(第三文明社)。出版されたのは前年の一九八一年である。奥付に記された著者略歴によると、この人はヒラノ教授より四つ年上の一九三六年生まれで、慶応大学文学部の修士課程を出たあと、一九七二年から七四年まで二年にわたって、ハーバード大学の客員研究員を務めている(その後も、一九七九年から一年余りハーバードに出向して

いる）。

「随分立派なご本ですね。私は哲学には全く不案内ですが、頂いてもよろしいのでしょうか」

「まだいくらでもありますからどうぞ」

「それでは頂戴します」。本を貰うのは嬉しくもあり、嬉しくもなしである。読めない本を貰って、あとになって感想を聞かれたりしたら、大ごとだからである。

「アメリカでPh. D.を取られた先生にとっては当然のことでしょうが、研究者の業績評価は論文が基本のはずです。ところが人文・社会群の先生たちは、論文を書いても全く評価してくれません。そこでこの本を書いたのですが、江藤（淳）先生に商業価値がない本は出しても意味がない、と言われてしまいました」

「いかにもあの人が言いそうな言葉ですね。でも、あの人が書いている一般読者向けの本と違って、研究書というものは、もともとそんなに売れるものではありませんよね」

「この本は、私が三〇〇部買い取るという条件で、本屋さんが出版を引き受けてくれたものです」

世の中には、自費出版というものがあることは知っていたが、理工系の世界では余り聞いたことがない。二〇〇〇円の本を三〇〇冊買い取れば、六〇万円になる。

助手の給料は四〇歳を過ぎると頭打ちになるから、六〇万は大金である。実はヒラノ教授も後年、どうしても出してほしい本を、出版社に頼み込んで出してもらったことがある。その時の条件は〝印税ゼロ〟までで、持ち出しにはならずに済んだ。

「この間、K大助教授の口があったのですが、もうちょっとのところで後輩にさらわれてしまいました。四〇を過ぎても助手をやっているのが、マイナスに働いたみたいです。ここに業績リストをお持ちしましたので、何かいいお話があったらお力添え下さい」

差し出されたリストには、四冊の著書と一〇冊の翻訳書、そして一〇編近い論文が記載されていた。一九七一年に出したホワイトヘッドの『科学的認識の基礎』の訳書は、日本翻訳文化賞を受賞している。

「凄いですね。著書が四冊もあるんですか！　余りお役に立てるとは思えませんが、何かの時にはお力添えできるよう努力しましょう」

「有難うございます。女房はこんな歳になるまで助手をやっている私を馬鹿にして、口もきいてくれませんし、学科の先生方も私を完全に無視しています」

三〇分ほど話を聞いたあと、ヒラノ教授は暫く前に出したが全く売れなかった、『整数計画法』（産業図書、一九八一）を手渡した。相手が哲学で来るなら、こちらは数学でお返しだ。

部屋を出るとき何度も頭を下げる姿に、藤川氏より業績が少ない四一歳の教授は、自分の幸運を後ろめたく感じていた。

理工系大学の場合、助手というポストは、博士号を取得した人が数年間を過ごす〝見習い〟ポストである。学生たちを指導しながら自分の研究を進め、年に何編か審査付きの専門誌に論文を発表して、三〜四年でしかるべき大学の助教授ポストを手に入れる。

ヒラノ教授はそれまで何十人もの助手を見てきたが、助手の処遇は上に立つ教授次第である。研究と教育に集中して、充実した数年を過ごす人も居れば、雑用ばかりやらされて、研究などやっている暇がない人もいる。

有力教授の助手は、いやな仕事をやらされても、教授の名声とコネのおかげで数年後には嫁入り先が決まる。一方実力がない教授や、評判の悪い教授の助手には声がかかりにくい。また縁談と同じで、ある年齢を超えると話が来にくくなる。

見習いポストで一〇年以上も過ごした人は、たとえ業績があっても、問題含みの人物ではないかと疑われてしまうのである。

ではこれだけ実績があるにも拘わらず、なぜ藤川氏は四〇代半ばまで声がかからなかったのか。ヒラノ教授は、人文・社会群の主である道家教授に尋ねてみた。

「藤川さんは、ロールズの研究では日本の第一人者だということですが、どうしてどこからも声がかからないのでしょうか？」

「第一人者だって、誰が言ったんですか？」

「本人の話を聞いていて、そう思ったんですが」

「うーん。その辺はどうかなあ。日本には、ロールズを研究している人は何人もいないし、哲学というのはジョブ・マーケットが小さいんですよ。その上、あの人にはいろいろ問題がありましてね。そもそも、あの人を連れて来たI教授が評判の良くない人で、われわれも随分苦労させられたんですよ。

教授は自分が辞めるときには、助手の処遇について手を打つのが慣例なんだけど、Iさんは何もせずに、自分だけさっさとよその大学に移っちゃったんですよ。それまでのこともあったので、みんな怒ってね」

「つまり、本人には責任がないということですか?」

「いや、それがそうでもないんですよ。ハーバードに留学したいというので認めたところ、留学期間を延長してくれと言い出して、あちこちに迷惑をかけたんだね。そもそも助手の留学は工学部では前例がないのに、それを延長するとなると、これはもうとんでもない話なんですよ。

それから数年前にも、S大の教授ポストに就くことが決まったというので、皆で大喜びしたんだけど、先方の大学では、助手から教授というのは前例がないから、ここで助教授にしてくれないかと言うんだね。

そのくらいはしてやってもいいだろうということで、手続きを進めていたところ、最終段階で先方がダメになったということが分かって、あわててこちらも人事をストップして事なきを得たんだ。気の毒な話だと思ったけど、中にはここで助教授にしてもらうための芝居だったんじゃないか、という人もいましてね」

「それが事実だとしたら、とんでもない人ですね。でも正義論の研究者ともあろう人が、そのような不正を働きますかね」

「僕もそう思いますよ。しかし、それ以外にもいろいろ問題がありましてね。一つは、自分の研究費から足を出して、年度末に予備費から補填するということが、何回かあったんですよ。助手の研究経費は、担当教授が面倒を見ることになっているんだけれど、I教授が辞めたあと引き受け手が居ないので、ゼロでは可哀想だということで、予備費から年間一〇万円を配分していたんですよ。

そこまで配慮してやったのに、足を出すなんて言語道断だと江藤さんが激怒して、規定どおりゼロにしちまえと言ったのを、何とかなだめてここまでやって来たんですよ」

ヒラノ教授は藤川氏に同情した。一生懸命研究に励んでいるのに、同僚だけでなく家族からも疎んじられている高齢助手。大学という社会では、教授と助教授の間には、社長と部長くらいの差がある。そして助教授と助手では、取締役と平社員くらいの違いがあるのだ。

教授という後ろ楯をなくし、教授の悪名を背中に貼り付けた〝捨て子助手〟。それにもめげず、毎日朝早くから出勤して研究に励み、毎年数編の論文と売れない本を書く。

研究にはお金がかかる。理工系の研究者と違って、実験設備はいらないかわりに、沢山の本を読まなくてはならない。専門の哲学書（多くは洋書）は一冊一万円近くする。原稿を書くには文房具も必要だ。真面目に研究すれば、年間一〇万の予算で足りるはずがない。

どれだけ足を出したか知らないが、どうせ五万か一〇万だろう。それに予算をオーバーしたのは、予算管理に当たる事務官の失態ではないか。

新聞や商業雑誌に文章を書きまくり、印税収入や講演謝礼などで、給料の何倍にも及ぶ高収入を得ている江藤教授が、この程度のことに目くじらを立てるなんて、少々はしたないのではないか。

藤川氏は、その後も時折ヒラノ教授の研究室を訪れた。そして哲学とは全く無縁な男を、ただ一人の理解者だと言って、分厚い著書を献呈してくれた。〝こんなに厚い哲学本なんか読めるはずがない！〟

ところが八九年の春になって、熱烈な理解者が出現した。経営システム工学科で博士号を取り、この年の四月にヒラノ研究室の助手に就任した白川浩博士である（この人については、後の章で改めて詳しく紹介する）。

後に東工大三奇人の地位を、藤川氏から譲渡されることになるこの大変人は、週末も大学に寝泊りしていた。金融工学を研究する新進助手と、早朝からロールズ研究に没頭する二回り年上の高齢助手は意気投合した。

ヒラノ教授同様、人文・社会科学の素養がない白川助手は、藤川助手から哲学だけでなく、政治学、社会学などのレクチャーを受けた。その一方で白川助手は、ヒラノ教授の『整数計画法』に関する藤川助手の質問に丁寧に答えたという。

ヒラノ教授は藤川助手の哲学書を読まなかった。一方、藤川助手はヒラノ教授が書いた数学書を読んでくれたのである。哲学者が何でも知っているのは、何でも読んでしまうリーディング・モンスターだからである。

藤川助手の情熱と博学ぶりに驚嘆した白川助手は、この人を〝バケモノ〟と呼んで崇拝する一方、藤川氏も経営システム工学科七年ぶりの博士を、〝稀に見る才能〟と絶賛した。

ヒラノ教授の本棚の肥やしになっていた藤川氏の著書は、間もなく白川助手の書棚に移転した。この本を半分ほど読んだ白川助手は、売り出し中の社会学教授のサントリー賞受賞作『自己組織性の理論』より分かりやすいと言っていたが、ヒラノ教授も同感だった。

ヒラノ教授は、機会があれば藤川氏のために一肌脱ぎたいと考えた。しかし、哲学人事にエンジニアが口をさしはさむ余地はない。だから二年後に、哲学の助教授人事が発議されたときも、藤川氏の役に立つことは何もできなかったのである。

助教授に就任したのは、藤川氏の後輩にあたるW氏だった。この人はオントロジー（存在論）という、情報科学や一般システム理論の基礎になる哲学理論の専門家で、内容の難解さもさることながら、言語不明瞭なため、何を言っているのか良く分からない人だった。

話は五年前にさかのぼる。一九八四年、赴任三年目のヒラノ教授は、学科主任を引き受けることになった。当番だった大教授が多忙を理由に断ったため、次の順番の人にお鉢が回ったが、この人も拒否。

難問処理担当の道家教授から、この役周りをサウンドされたとき、自分がやらなければ学科紛争が再燃する恐れがあると聞いて、〝頼まれたことは断らない〟のがモットーのエンジニアは、この仕事を即決で引き受けた。

主任になれば、毎日大学に出てこなくてはならない。週に三日しか大学に出てこない文系教授にとっては一大事である。しかし、エンジニアには特別な負担にならない。なぜなら、エンジニアは家に居たのでは仕事にならないからである。

それに、陸の孤島・筑波から救出して下さった、道家・吉田両教授の恩義に報いる絶好のチャンスである。

予算も設備もない一般教育組織の主任業務と言えば、人事案件さえなければ、月一回の学科会議の司会を務め、議論が紛糾するのを防ぐことがすべてである。このグループでは、伝統的に議事録を作成しないことになっているので、その場で議論が収束すればそれで終わりである。

議論が紛糾した時は、博覧強記の吉田夏彦教授が、〝それは×年×月の学科会議でこう決まったはずだ〟と言えば、江藤淳教授が〝いや違う。あの時はああ決まったはずだ〟と言い出さない限り、一件落着である（一方、後に移籍した経営システム工学科の学科主任は、議事録作成に膨大な時間を使っていた）。

こう書くと読者は、そんな仕事なら高校生でも務まると思われるかもしれない。しかし純朴なエンジニアにとっては、これは決して簡単な役目ではなかった。何しろ相手は、レトリックの塊のような論客ばかりである。

いかに相手を言い負かすかを考えている人だから、本心を述べているとは限らない。前回主張していたのと一八〇度違うことを言うなんぞは朝飯前である。

ナイーブなエンジニアは、ここで様々な文系人の論争テクニックを学んだ。その一つは、〝議論はその場で首尾一貫していれば、前回言ったことと矛盾していても構わない〟ということである。矛盾を指摘されたら、「状況が変わった」と言えばいいのである。

もう一つは、何か議論を吹っかけられたとき、「問題は三つある」と切り返す手である。どのような問題でも、思いつきで何か一つくらいは言える。一つ目を喋っている間に、二つ目を考える。そして二つ目の間に三つ目……。

うまくすれば、二つ目を話しているときに誰かが口を挟む。こうなれば、自分の頭の中が空っぽであることを見抜かれずに済む。ヒラノ教授が〝人が悪くなった〟のは、文系人の論争テクニックを身につけたからである。

話を藤川氏に戻そう。主任としてヒラノ教授は、この人のことをそれなりに気にかけていた。ところが年度末になって、事務官からこの人に対する苦情が聞こえてきた。

「また予算をオーバーする請求書が出てきました。しかもその中に、ファイル六万円という記載があるのです。一つ二〇〇円として三〇〇個相当ですが、一人でこんなにファイルを使うものでしょうか?」

「うーん。そういうこともあるんじゃないですかねえ」

「本人に訊いたところ、一〇年分をまとめて買ったということですが、業者と結託して、正規には買えないものを買ったのではないでしょうか」

「むにゃむにゃむにゃ」

正規の研究費で買えないものはいろいろあるが、その代表は、金券ショップに持って行けば現金化出来る切手である。だから、大学を通じて大量の郵便物を出すヒラノ教授の秘書は、発送伝票作りで大変な苦労をしてきたのである。

ところが藤川助手には秘書が居ないから、自分で伝票を書かなくてはならない。そこで、ファイル名目で切手を買おうという発想が生まれる。当時はかなりの人がこれをやっていたものと思われるが、世なれた人は、切手を三万円分購入する際には、プリンター用紙やフロッピー・ディスクなどを購入したという書類を作ってもらい、事務官に不審を抱かれないよう細心の注意を払う。

いちどきにファイルを三〇〇個も買えば、会計検査の際に疑われる可能性がある。万一摘発されたら一大事である。ヒラノ主任は藤川助手に、事務職員に迷惑をかけないように釘をさした。しかし、大学に勤めて二〇年近く経つのに、この程度のことに頭が回らないのはどうかしている。

足を出した四万円を、ヒラノ主任の予算から廻すことにしたところ、人文・社会群では前例がないこの〝寛大な〟措置のおかげで、藤川氏から繰り返し著書を頂くことになった。

どれも前書きしか読まなかったが、一九九三年暮れに朝日新聞社から出た、『私道と公道の物語』と題するドキュメンタリーを読んだ時の驚きと感動は、今も忘れられない（この本だけは、今なおヒラノ老人の本棚に置かれている）。

市川に借家住まいしていた藤川氏は、八〇年代半ばに、かねて憧れていた横浜の野毛山に自宅を購入した。ところがこの家は、権利が複雑に入り組んだ私道の奥にある曰くつきの物件だったため、大トラブルに巻き込まれることになった。

藤川氏が移り住んだ直後の八五年三月、この地区は本下水道敷設の指定区域になった。ところが、私道に本下水道を敷設する際には、道路所有者全員の同意が必要である。

この私道「ソフィア通り」には、A氏、B氏、C氏、D不動産という不在地主が居るのだが、A氏から、各戸につき一〇万円の〝ハンコ代〟を要求する書類が届いた。B氏とC氏は、A氏の意向に従うという。D不動産は所在がつかめない。

A氏の請求根拠ははっきりしないが、これが従来からの慣行だという。しかしこれを認めれば、これから先も何かあるたびに、四〇万円のハンコ代を払わなくてはならない。多額のローンを抱える藤川氏にとっては、厳しい要求である。

それを避ける方法は、居住者全員で私道を買い取り、横浜市に寄付して〝公道〟にしてもらうしかない。しかし、これまで繰返された何回かの試みは、いずれも失敗に終ったという。

住民全体の利益を考えれば、ここで公道化するのが最善の策だと判断した藤川氏は、行動を起こした。そして四年がかりで、三〇年間住民を悩ませてきた難問の解決に成功するのである。不在地主、在住地主との協議交渉は数十回に及んだという。それ以外にも、横浜市の道路局、下水道局との協議もある。藤川氏は自ら公道化委員会の委員長を買って出て、複雑な利害関係を、ロールズの「最低辺最優先の原則」に則り、超人的努力によって解きほぐしていったのである。

藤川氏はこの本のあとがきで、次のように書いている。

個人から国に到るどのレベルでも、〝エゴイズムが自己を滅ぼす〟という法則が成立する。損得の論理だけでは、社会は必然的に戦争状態となる。それを避けるには、どのレベルでも損得の論理を正邪の論理の支配下に置くことが必要だが、現在の功利主義社会は、損得の論理が正邪の論理を逆支配している。これが利益の争奪戦をあおり、人々を闘争に駆り立てている。

本書はこの仮説に基づく一つのケース・スタディーをレポートしたものである。幸いにしてこの実験は成功を収めた。しかしこれだけで十分ではない。今後、各方面で〝排他・独善の閉鎖的エゴイズムが自己を滅ぼす〟という仮説の検証を試み、これが1つの普遍的な社会法則であることを示してみたい。（原文のまま）

ヒラノ教授はこの本を読んで、藤川氏の人柄の素晴らしさと実行力を知ると共に、この人の「正義論」が机上の空論ではなく、紛争解決に役立つ実践理論であることを知った。

藤川氏の類い稀な知識と実行力、そして説得力に感銘を受けたヒラノ教授は、この人を評価する人が現れることを心待ちにした。

程なく、その日はやって来た。北九州市にある私立K大学に、教授として迎えられることになったのである。助手から教授というのは前例がないので、東工大で助教授にしてほしいという申し出があったとき、多くの教授はまたかと思ったようだ。

そこで学科主任が先方の学長宛てに、ことの真偽を確かめる手紙を出すことになった。しかし、事実であることが確認されたあとも、教授たちは慎重だった。先方の大学から割愛願いが来る直前、すなわち藤川氏が転出する一ヶ月前の三月始めに、やっと助教授昇任人事を通したのである。

東工大助教授になった藤川氏は、教授としてK大学に赴任した。このとき藤川氏は五四歳になっていた。

驚いたのはそのあとである。二年後にこの人は、同じ北九州にあるK'大学の学長に選出されたのである。軍隊で言えば、二年前に軍曹だった人が、尉官、佐官を飛び越えて大将になったようなものである。このようなことは、日本の大学史上最初ではなかろうか。

藤川氏は、三〇年近くに及ぶ助手生活から誰の手も借りずに脱出し、学者スゴロクの〝上がり〟というべき学長ポストを手に入れたのである。

この時に思い出したのは、アレクサンドル・デュマの『モンテ・クリスト伯』である。一七年にわたって、無実の罪でシャトー・ディフの監獄に閉じ込められたエドモン・ダンテスが、奇跡的にここから脱出したあと、ファリャ法師の遺言をもとに手に入れた莫大な財宝を使って、関係者に復讐する物語である。

しかし、〝排他・独善の閉鎖的エゴイズムが自己を滅ぼす〟と考える藤川氏は、学長という権力を手に入れても、モンテ・クリスト伯にはならなかった。学長として過ごした数年間、上記の仮説の証明に取組んだのではなかろうか。

暫くして、ひょっこりヒラノ研究室に姿を現した藤川学長は、実に堂々とヒラノ教授に語った。

「ヒラノさん、学長補佐をやっておられるそうですね」

「K先生がおやめになる時、私を後任として推薦されたとやらで、こんなことになってしまいました」

「あの人の補佐役は大変でしょうな」

「学長をご存知ですか」
「さっき末松君に、〝一般教育の大綱化〟についてアドバイスしてきたところだよ。わっはっは」

末松君とは、東工大の大物学長・末松安晴氏のことである。九州の中小私大でも、学長は学長である。

学長を退任したあと、藤川氏は東京近郊にあるC大の教授になった。そして、二〇〇九年に現役を引退したあとも、正義論の研究に励んでいると聞く。エンジニアと違って、哲学者は六〇歳からが勝負だということだから、これから先も研究に打ち込み、ライフワークを完成されることを期待しよう。

第三章
ＮＰ完全問題と闘った男

三人目は、ヒラノ教授の大学時代の二年後輩で、藤川氏と並んで東工大三奇人の一人と呼ばれた冨田信夫博士である（藤川氏が、実際には奇人ではなかったのに対して、冨田博士は正真正銘の奇人だった）。

この人の奇人ぶりは、学生時代から周囲に鳴り響いていた。そこで、数ある伝説の中からいくつかを紹介しよう。まずは、大学に入ってから三年の間に八〇万円を貯めたという、〝アルバイト魔王〟伝説である。

ヒラノ教授が大学を卒業した一九六三年当時、学生アルバイトの定番である家庭教師の報酬は、一回二時間、週に二回で月三〇〇〇円が相場だった。

したがって、週に一〇回やっても、一年で二〇万円に届かない。八〇万円貯めるには、週に一五回やらなくてはならないわけだ。ウィークデーは毎日一回、土曜は三回、日曜は四回やっても一二回にしかならない。

残りの三回分は、より実入りがいい仕事、たとえば引越しの手伝いや、酒の配達などをやっていたのだとすると、授業に出ている時間はない。講義はともかく、演習や実験は出席しなければ単位が取れない。

後日知ったことだが、冨田青年はアルバイトで稼いだお金を、〝冨田式株価予測公式〟なるものを使って株に投資して、かなりのお金を稼いでいたのだ。

ところが、このあと冨田青年は、家庭教師とはケタが違う大金を手にいれるのである。道路工事の際に、ドライバーの注意を喚起するための、電球が点滅する標識を発明して特許を取ったところ、これが全国各地で使われるようになったため、巨額の特許権使用料が転がり込んできたのである。

年三六五日のアルバイトと、一週間の思い付きで手に入れたお金を比較して、冨田氏は〝富を得る上で大事なものは、体力よりも知力である〟ことを悟ったことだろう。

これ以外にも、二ケタの九九を誦んじていたことや、中学生レベルの英語音痴ぶりなど、この人の奇人ぶりを伝える逸話には事欠かない。なお、電卓が無かったこの当時、品質管理理論を勉強する学生は、二けたの数の二乗を暗記させられたというから、この知識は役に立ったということだ。

もう一つ紹介しよう。

「プログラミングのような、〝下らない〟ことをやると頭が鈍るから、替わりにやってくれ」と依頼（命令）された一年後輩の市川氏は、散々こき使われた挙句、お礼に晩飯をおごると言うのでついて行ったところ、道端で買った菓子パンを食えと強要されて、恥ずかしさに震えたということだ。

この天才は、大学を出たあとは専売公社に就職して、総裁になるという計画を持っていた。ところが、専売公社は大蔵省傘下の〝公社〟で、その総裁は大蔵官僚の天下りポストである。たとえ東大法学部を出ていても、はえぬきの公社員が総裁になることは、絶対にあり得ない。したがって、工学部出身者ごときは、理事（普通の会社でいうところの平取締役）にすらなれない。

当時の工学部では、どのような会社なのか碌々調べもせずに、教授が薦める会社に就職する学生が多かったが、大蔵王国の王様を目指したエンジニアは、冨田氏だけだろう。

入社後間もなく、総裁になれないことに気付いた冨田青年は、一年でここをやめて研究者への道を志した（三ヶ月で辞めたという説もある）。

特許料収入があるから、学費も生活費も心配いらない。ところが問題は、この男の英語力である。当時の東大入試は九科目制だったから、英語が〇点でも数学と理科で満点を取れば合格できた。折から東京大学理科一類は、理工系大学拡充政策の中で定員増を繰り返し、五年前に比べるとずっと間口が広くなっていた。

ところが大学院入試は、専門科目と英語の二科目だけだから、英語が〇点だと合格は難しい。相談を受けた井口教授は、〇点でなければ入れるだろうとアドバイスしたが、蓋を開けてみればやはり〇点だった。

しかし、専門科目が満点の学生を落とすのは勿体ない。かくして冨田青年は、超法規的措置によって入学を許可された（この翌年から、大学院入試から英語が外されたということだ）。

大学院に入ってからは、当時大発展中の「組合せ最適化」の分野で目覚ましい才能を発揮した。そして、一九七六年に井口教授と連名で発表した、「独立割当問題」の解法に関する論文で、国際的に高い評価を得たのである。

井口教授は、東京大学工学部二〇年ぶりの秀才と呼ばれた大天才である。勤勉な井口教授は、毎朝九時前に出勤し、昼までに三編の論文を読む。これを一年続ければ一〇〇〇編を超える。つまりこの人は、世界で行われている組合せ最適化に関する研究は、何でも知っているのだ。

学生が研究上のことで相談に行くと、

「そうねえ。その問題は多分こうなって、そのあとああなって、結局はダメなんじゃないかな」だとか、

「その問題は、この間だれそれがどこそこのジャーナルに発表しているから、ちょっと遅かったね」てな具合に〝撃墜〟されてしまう。また卒業論文を丁寧に読んでくれるのは有難いが、テニヲハまでマッカッカに直されると、大抵の学生は感謝するより意気消沈してしまう。

幸いなことに学生時代のヒラノ青年は、井口教授の放射線を浴びずに済んだ。この大天才は、博士号を取ったあと九州大学で数年を過ごし、東大に戻ってきたのは、ヒラノ青年が学部四年になってからだから、この人の講義を受けたことも、研究上の指導を受けたこともなかったのである。

それでもヒラノ青年は、この人から何度かガツンとやられている。ここではその中の一つ、冨田青年と深い繋がりがあるガツンを紹介しよう。

博士号を取って間もない頃、ヒラノ青年は大手町から柏への帰り道、根津から乗って来た井口助教授と顔を合わせた。海外でも広く名を知られている大先輩と、どのような話をすればいいのか。

この人との共通部分は「ネットワークフロー理論」しかない。しかし、ヘタなことを言うとガツンとやられる。だからと言って、映画や音楽の話をするわけにもいかない。松戸までの二〇分の間に、ヒラノ青年はクタクタになっていた。

これに懲りたヒラノ青年は、以後中央車輌を避けて最後部に乗るようにした。ところが、悪い事は重なるもので、その一週間後にまた会ってしまった。しかしこのときは、事故にあったときのために用意しておいた質問があった。それは「マトロイド理論」である。（井口教授の専門である）ネットワーク・フロー理論の一般化を目指すこの理論が、アメリカで流行の兆しを見せていたので、少し勉強しておこうと思っていたヒラノ青年は尋ねた。

「マトロイド理論の将来性を、いかがお考えでしょうか？」

「ああいうのはねえ、好きな人は好きでしょうが、ものの役には立たないでしょうね」

「分かりました。僕もそうではないかと思っていました」

この言葉を聞いて、ヒラノ青年は安心してマトロイド理論を無視することにした。ところがその一年後に、井口教授は冨田青年の協力の下で、マトロイド理論を駆使して、「独立割当問題」を解き、わが国におけるマトロイド理論のチャンピオンになったのである。

君子豹変という言葉があるが、このときヒラノ青年は裏切られた思った。しかし、そう思ったのはヒラノ青年だけではなかった。何人もの研究者が、この人の一言でマトロイド理論への参入を見合わせていたのである。その中の一人であるＴ教授は、学会の懇親会の席で、「井口さんは坊主になるべきだ」と憤慨していた。

一九九三年、井口教授の停年退官記念パーティーの席上で、一番弟子にあたるＫ教授（この人は後に、情報理論における最高の賞である「シャノン賞」を受賞している）が公開した井口教授のトレーニングは、聞きしに勝る厳しいものだった。

「一週間必死に考えて月曜日に報告に行くと、ノックアウトパンチが飛んでくるんですね。ちょうどアメリカン・フットボールの選手のように、マンデー・フットボールのあと二日間は寝込んで過ごし、水曜の夕方にやっと起き上がり、木金土日と頑張って月曜に話しに行くと、またノックアウトです。これが五年間続いたんです。でも私がいまこうしていられるのは、先生のおかげだと深く感謝しています」

ヒラノ教授が知る限り、学生に対するトレーニングの厳しさでトップに位置するのが、井口教授、二番目、三番目が（あとで紹介する）東工大の小島政和教授と白川浩教授である。

冨田青年は井口教授と対等に渡り合った、数少ない学生の一人である。ある席上でこの人が、「井口さんに、ポリマトロイドについて教えてやった。あの人でも知らないことがあるんだよ」と言っているのを耳にしたが、何でも知っている井口教授も、冨田青年だけは一目置いていたようである。

さて、目出度く博士になった冨田青年が得たポストは、東工大経営システム工学科の助手だった。その九年後、ヒラノ教授が東工大に赴任したときは、長津田キャンパスにある「システム科学専攻」のドン・石橋賢一教授の助手を務めていた。

これだけ才能があるにも拘わらず、三九歳になっても助手というのは、理工系大学では珍しい。その理由は、超難問に関わりあっていたため、なかなかいい研究成果が出なかったことと、この人の破天荒なキャラクターが、上司の石橋教授と合わなかったことである。

石橋教授と冨田助手の関係が良好でないことを知ったのは、東工大に赴任して間もない頃である。ある朝、自由が丘で大井町線に乗り込んだところ、反対側のドアのところに冨田助手が立っていた。その後ろには、吊り革につかまって書類に目を通している石橋教授。

ヒラノ教授は石橋教授に目礼したあと、冨田助手に声をかけた。

「久しぶりですね。四月から人文・社会群に勤めています」

「あんなところに良く来たね」

「筑波に比べれば、天国ですよ」

「筑波が酷いことは聞いているが、長津田もなかなかのものだぜ」

「筑波以上ということはありえないでしょう。あそこには、全国各地からオレがオレがという協調性のない人が集ってきたので、まさに〝荒野の決闘〟でしたよ。陸の孤島に作った大学には息抜きする場所がないので、気持ちが荒れちゃうんですよ」

「それを言うなら、長津田も同じだよ。殺風景な建物が並んでいるだけで、ソルジェニツィンの収容所列島みたいな感じだな。周りに何もないのは筑波と同じさ」

「でも東工大は一流の研究者が多いから、筑波とは違うでしょう」

「俺のところは、いろんな分野の混成部隊だから、面倒なことが多いんだ。大岡山から飛ばされて来た奴らは、みんな大岡山に戻りたくてうずうずしているし、世間では一流と言われていても、結構三流の奴が多くてね。俺の親分は学長を目指して、このところ学内ポリティクスばかりやっているんだ」

冨田助手は、（あとで登場する）白川助手に劣らない大声の持ち主である。ヒラノ教授は慌てて目くばせしたが、間に合わなかった。この瞬間、石橋教授はヒラノ教授の方をじろりと見た（この一件のおかげで、ヒラノ教授は石橋教授に睨まれることになってしまった）。

学長の参謀役を務める石橋教授は、将来の学長候補の呼び声が高いスター教授で、文部省や通産省の諮問委員を務める大物である。ところが、研究者として名声を得ようと考えている冨田助手から見ると、大学行政に関わる教授はドロップ・アウトである。研究者がこういうことに力を割くのは、研究能力がなくなった証拠だというのである。

どちらも大学にとって必要な人材だが、概してこういう人たちは、そりが合わないのである。では冨田助手が関わりあっていた難問とは何か。これこそ、数ある「組合せ最適化問題」の中で最も魅力的な「巡回セールスマン問題」である。これは〝セールスマンが自宅を出発して、得意先を（一回ずつ）まわって自宅に戻る際の最短ルートを求めよ〟という問題で、問題自体は誰にでも分かるが、うまく解けない問題の代表である。

読者の中には、なぜうまく解けないのかと不審に思われる方が居るかもしれない。たとえば、一〇個の都市を回る最短ルートを考えると、出発点が決まれば、次に訪問する都市を選ぶ方法は九通りしかない。その次に訪れる都市の候補は八通り……。だからすべての組合せは、９×８×７×６×５×４×３×２×１＝36288通りである。

これらのルートを全部調べて、その中で最も短いルートを求めるくらいなら、どういうことはないのではないか？

その通り！　都市の数が一〇個程度であれば、問題は簡単に解ける。それでは都市の数が一〇〇になったらどうか？　コンピュータをがんがん廻せばいいかというと、そうではないのである。

なぜならこの場合、すべての組合せは99×98×97×……×3×2×1＝10^{156}通りもあるから、一秒に一〇億個のルートを生成させても、全部調べるには10^{141}年＝100……0（1のあとに0が一四一個繋がっています）年の時間がかかってしまう。

つまり、すべての場合を数え上げる方法は、都市の数nが大きくなるにつれて、計算量が爆発して手が付けられなくなるのである（これを計算量の〝組み合わせ的爆発〟という）。

では都市の数が大きいときに、この問題を実用的な時間（たとえば大型計算機上で一時間程度）で解くにはどうすればいいか。この問題に最初に取り組んだのが、ダンツィク＝ファルカーソン＝ジョンソンというアメリカ人トリオである。

ジョージ・ダンツィクは一九四七年に線形計画法を生み出し、後に応用数学の世界で〝ジョージ〟と言えばこの人を指す、というほどの名声を獲得した大学者であるが、この人が同僚のレイ・ファルカーソン博士とデビッド・ジョンソン博士と協力して、四四都市を廻る問題を速く解くことに成功したのは、一九五四年のことである。

残念なことに、この方法は〝いつでも短時間で〟最短ルートを出してくれるとは限らない。四五都市の問題は解けても、四六都市の問題は解けないかもしれないし、同じ四五都市の場合でも、都市の位置関係によって、解ける場合と解けない場合がある。

有限個の組合せの中で最も優れたものを見つけだす問題は、「組合せ最適化問題」とよばれていて、五〇年代後半から六〇年代にかけて、とびきり頭のいい人たちが、いくつかの問題に対して効率的解法を見つけ出した。

その代表的なものは、グラフ上の最短路問題、最小全張木問題、最大マッチング問題、ネットワーク上の最大流問題、最小費用流問題などである。

これらの問題に対しては、早々と問題のサイズ n――巡回セールスマン問題で言えば、都市の数――の多項式（多くの場合、二次式から三次式）の手間で解ける方法が見つかった。

このような解法を「多項式オーダーの解法」という。

問題のサイズnの三次式の手間で解ける場合には、nが二倍になっても$2^3=8$倍程度の手間で解ける。一方、すべての組合せを調べる方法は、計算量が問題のサイズnに関して指数的（爆発的に）に増えるので、「指数オーダーの解法」と呼ばれる。

多項式オーダーの解法が見つかった問題群をPと名付けたのは、組合せ最適化の分野で奇人ナンバーワンと呼ばれた、ウォータールー大学のジャック・エドモンズ教授である（この人は、ヒラノ教授が知る人の中で最高の奇人である）。

五〇年代末から六〇年代半ばにかけて、Pのメンバーは次第に増えていった。ところが多くの研究者の努力にも拘らず、巡回セールスマン問題に対する多項式オーダーの解法は見つからなかった。

巡回セールスマン問題だけではない。それ以外の多くの組合せ最適化問題に対しても、多項式オーダーの解法は見つからなかったのである。

優秀な研究者がいくら頑張っても、多項式オーダーの解法が見つからないのはなぜか？

ここに登場したのが、「NP完全理論」という悪魔の理論である。

一九七〇年代初めに、カリフォルニア大学のリチャード・カープ教授（この人も奇人の誉れ高い人である）が、巡回セールスマン問題を含む多くの問題――これを「NP完全族」という――はどれも多項式オーダーでは解けないだろうという論文を発表して、研究者を絶望の淵に叩き込んだ。

NP完全族の中には、巡回セールスマン問題をはじめとする様々な難問が含まれるが、その中のどれか一つに対して多項式オーダーの解法が見つかれば、それ以外のすべてに対しても多項式オーダーの解法を作ることが出来る。

ところがそのグループの中には、誰が考えても多項式オーダーでは解けそうもないモンスター、「充足可能性問題」が含まれているというのである。

もし巡回セールスマン問題がn^3の手間で解けるのであれば、「充足可能性問題」もnの何乗かの手間で解けるはずだが、そのようなことはありそうもない。この問題を解くには、全部の組合せを虱潰しに調べるしかないだろう――。

このことを知った賢明な研究者は、NP完全問題に対する多項式オーダーの方法を見つける研究から手を引いた。

一九六〇年代に、いくつもの組合せ最適化問題に対する多項式オーダーの解法を見つけ出したティーシー・フー教授（ウィスコンシン大学）は、

「一年かけて解けない問題は、三年かけても解けない場合がほとんどだから、早目に撤退して別の問題に取り組んだ方が賢明だ」と言っていたが、七〇年代に入るとこの戦略は破綻してしまった。残ったのは、どれもこれも難問ばかりだったからである。

しかし、〝論文を書かない者は退出せよ〟というカルチャーの中で、研究者たるものは論文を書き続けなければならない。では、この後彼らは何をやったのか？

第一のグループは、新しい（難しそうな）組合せ最適化問題を見つけ出し、それがNP完全族に含まれていることを証明する作業に活路を見出した。この結果、七〇年代を通じて専門誌はこの種の（生産的とは言えない）論文で溢れ返り、NP完全族は急激に膨張していった。一方多項式族Pは、組合せ最適化問題の中の少数民族になってしまった。

第二のグループは、NP完全問題に対して短時間でまずまず良い答えを生成する方法――これを「ヒューリスティック解法」もしくは「近似解法」という――を作ろうと試みた。これらの研究は八〇年代以降大発展を遂げ、かなり大規模な問題が実用的な意味で解けるようになるのであるが、七〇年代には低い評価しか与えられなかった。

ヒラノ青年は一九七〇年代半ばに、この種の研究結果のいくつかを専門誌に投稿したが、どれも無慈悲なレフェリーに撃墜され、陽の目を見ることはなかった。

第三のグループは、NP完全族に属する問題に対する多項式オーダーの解法を作ろうとする、勇猛果敢な人たちである。もしそのようなものが見つかれば、NP完全族のすべての問題が多項式オーダーで解けるのだから、P＝NPという関係式が成立つ。ではP＝NPか、それともP≠NPか。

直木賞と日本ミステリー大賞を受賞した、東野圭吾の『容疑者Xの献身』に登場する容疑者こと石神哲哉は、生涯をかけてある大問題に取り組んでいる天才数学者であるが、本の中にしばしばP≠NPなる言葉が出てくることから見て、石神が取り組んでいるのはこの問題だと推測される。

容疑者Xを上廻る天才・冨田信夫青年は、巡回セールスマン問題に対する多項式オーダー解法を構築することによって、P＝NPであることを証明しようとした。賢明な研究仲間は、冨田をドン・キホーテだと思ったことだろう。あんなことをやっていると、いつか命を落とすのではないか？

しかし冨田青年には自信があった。七〇年代半ばに、〝独立割当問題〟に対する多項式オーダーの解法を作った成功体験があったからだ。

〝あの問題がうまく解けたのだから、この問題も解ける可能性がないわけではない。解けるとしたら、それを解くのは俺しかいない。うまく行けばフォン・ノイマン賞、あるいはフィールズ賞も転がり込んで来る――〟。

ヒラノ教授も一九七一年以来、「双線形計画問題」という「NP困難問題」（NP完全問題と同程度以上に難しい問題）に取り組んでいたから分かるのだが、一旦こういうモンスターに関わりあうと、新しい問題に取り組もうとしてもモンスターが暴れだし、脳味噌が沸騰してしまう。

こんなときでもやれる仕事は、独創性がいらないルーチン・ワーク、たとえば解説記事や教科書の執筆、そして古い研究の焼き直しだけである。

東工大に赴任してから二年の間、冨田助手は毎月一回ヒラノ研究室を訪れ、研究の進捗状況を説明してくれた。自分の研究に理解を示してくれるのは、つい先ごろまでNP困難問題に取り組んでいた、もう一人のドン・キホーテだけだと思ったからだろう。

「もうちょっとなんだよ。先月は獲物から三〇センチのところに居たとすれば、今月は三センチまで縮まった。昨日思いついたアイディアを使えば、今月中にも解けるかもしれない」

三〇センチは三センチになり、一年後には三ミクロンまで縮まった。しかし、毎回こんな話に付き合ったヒラノ教授は、次第に疲れてきた。問題自体は単純なのに、それに投入される道具立てがどんどん複雑になり、月に一回話を聞くくらいでは、理解が及ばなくなっていったからである。

その上ヒラノ教授は、自分のモンスターから逃げ出したばかりだったから、他人のモンスターに付き合うエネルギーがなかったのである。

しかし、難しい話の後の雑談は、とても楽しいものだった。特に印象に残っているのは、大天才・井口教授にかかわるやりとりである。

「井口さんは天才だよ。でもあの人の問題点は、何でも出来ちゃうことなんだ」

「そうだよね。数学は強いしプログラミングも上手だし、語学は七ヶ国語を操るって言うからね」

「それだけじゃないよ。事務能力も、多分誰よりも上だと思うな。会議の資料なんかも完璧に整理されていて、いつ何がどう決まったのかは、この人に聞けばたちどころに分かるという話だ」

「人文・社会群の吉田夏彦教授も博覧強記で有名だけど、それ以上かもしれないね」

「ところが、何でも出来る人は何でも自分でやろうとするから、結果的につまらないことばかりやるようになるんだ。学生の卒論のテニヲハ直しなんか、その最たるものだよ。卒論なんてどうせ大したものじゃないんだから、さっと見て○か×をつけるだけでいいんだよ」

「そうねえ。そんなのどうだっていいよなあ」

「そんなことをやっていると、独創性が失われるから、俺は独創性に傷が付かないように、教授に頼まれても、いやなことはやらないことにしているんだ」

「井口さんは比較優位の原理を知らないのかな」

「何だ、それは」

「リカードという経済学者が考えた理論だけど、ポルトガルのワインとイギリスの綿織物の話、中学の社会科で習わなかった？」

「社会科なんて下らんものは、全く聞いていなかったからな」

「つまりね。イギリスは織物技術が優れていて、ポルトガルはワイン製造に秀でている。この場合、イギリスはたとえワインを作ることが出来ても織物に特化し、ポルトガルはワインに特化して互いに輸出し合う方が、両方にとって有利になるという理論さ」

「なるほど。経済学者もたまにはいいことを言うな」

「偉い経済学者は凄いんだよ。ケネス・アローとかアマルティア・センなんか、エンジニアが逆立ちしても叶わない知性の持主だよ。井口さんもリカードを知っているはずなのに、何故つまらないことに時間を使うのかな」

「知っていても他人に任せられないところが、あの人の問題なんだよ。他人のことは言えないけどな」。こう言って冨田はペロッと舌を出した。

このほかにも面白い話は尽きないが、本題に戻ろう。

ちょうどこの頃、長野県の佐久にあるサナトリウムからヒラノ教授あてに、奇々怪々な手紙が届いた。差出人は重田洋一氏。電力中央研究所時代の後輩である。才能がある研究者だったが、この人も巡回セールスマン問題にはまり込んでいた一人である。

冨田博士の才能をもってすればともかく、並みの研究者では見込みがないと考えたヒラノ青年は、相談を持ちかけられたとき婉曲に撤退を薦めたが、結局その後も研究を続けたせいか、精神に異常を来たしてしまったのである。

手紙に書かれた支離滅裂な文章を眼にしたヒラノ教授は、この人は向こうに行ったきり、戻ってくることはないだろうと考え、慄然となった。

難しい問題に捉まって、向こう側に行ってしまった人は、これ以外にも何人も居る。向こう側ばかりではない、自ら命を絶ってしまった人も数知れない。

組合せ最適化理論のパイオニアであるレイ・ファルカーソン教授が、五〇歳を前にして命を絶ったのは、一〇年以上にわたって取り組んでいた問題を、若い天才にいとも易々と解かれてしまったのが原因（の一つ）だと言われたものだ。

このあとヒラノ教授は何回か、巡回セールスマン問題から（一時）撤退するよう、冨田博士にアドバイスしようと考えた。しかし結局その決断は下せなかった。井口教授と対等に渡り合えるのだから、この人は少なくともヒラノ教授の一〇〇〇倍以上の能力を持っているはずだ。

人間には、上には上、そのまた上がある。温度に上限がないように、人間の能力にも限界はない。冨田博士のような天才に、〝君にはその問題は解けそうもないから、手を引いた方がいい〟なんて言えるだろうか。

言える人が居るとすれば、大学時代の指導教官である井口教授だけだ。もしこの人が言ってもやめないのであれば、ヒラノごときの言うことに耳を貸すはずはない。

東工大に赴任する直前の一九八一年、ヒラノ助教授は四〇歳までの研究者に与えられる、日本オペレーションズ・リサーチ（ＯＲ）学会の論文賞を受賞した。古い研究の焼き直しで、物の役には立たないつまらない論文だということは分かっていたが、ともかく点数稼ぎのために書いたものである。

こんな論文が、権威ある学会賞をもらうことになったヒラノ助教授は当惑した。しかし、折角くれるというのに断ると、変人だと思われてしまう。ひとたび変人のレッテルを貼られると、それを剥がすのは容易でない。そこで、変人でない（つもりの）ヒラノ助教授は、素知らぬ顔で賞を受けることにした。

その数ヵ月後、ヒラノ助教授は学会の規定に従って受賞記念講演を行った。そこに居合わせたのが冨田博士である。講演のあと、この男はニヤニヤしながら、

「あの方法で本当に問題がうまく解けるんでしょうかね?」という核心に迫る質問を発した。

「いい質問です。多分解けないでしょう」と答えたヒラノ助教授は、これが潮時だと考えた。モンスターを退治すべく、これまでいろいろなことを勉強してきたが、どちらに向かっても出口は塞がれていた。この際、エゴン・バラス教授が言うとおり、もう少し身の丈にあった

（易しい）問題に取り組んだ方が賢明だ。

こうしてヒラノ助教授は、一九八一年に『整数計画法』（産業図書）という教科書を上梓したあと、この分野から（一時）撤退した。もし冨田博士のコメントを耳にしていなければ、重田氏と同じ道を辿っていたかもしれない。

月に一回だった冨田博士の訪問は、二ヶ月に一回になり、三ヶ月に一回になった。そしてあるときを境に、ぱったり姿を見せなくなった。どうしたのかと思っているところに伝わってきたのは、地方にあるN大学経済学部に教授として転出するという知らせだった。

冨田博士と経済学部はミスマッチではないか？　経済学部で教えることと言えば、基礎数学とORの初歩くらいだ。マトロイド理論や巡回セールスマン問題に関心がある学生など居るはずがない。

天才にとっては、学生がいると却って邪魔になるかもしれない。実際数学科には、学生の指導をしない教授が多勢いる。才能がある学生は、指導しなくても自分で道を切り拓く。才能がない者は、どの道モノにならないから、面倒をみる意味がないというのが、彼らの論理である。

しかし天才であっても、研究仲間は絶対に必要である。自分一人だけでやっていると、堂々巡りを繰り返すうちに、煮詰まってしまうからだ。ところが、一流の研究者は東京と京都に固まっているから、研究情報を手に入れるためには、しばしば東京に出て来なくてはならない。

お金と時間がかかるが、それをやらなければ、研究の第一線から脱落してしまうのである。研究者にとって、東京から離れるのが極めて不利なことを承知で、なぜ彼は地方大学に移るのか。石橋教授との確執を考えれば、東工大で助教授に昇進する可能性はゼロである。また一流大学の工学部も、この人に声をかければ石橋教授とコトを構えることになる。

その上、この天才も既に四〇歳の大台を超えた。数学者は二〇代が花で、四〇歳を超えたらロートルだ。数学研究に大事なのは、直観と論理である。

易しい問題は直観だけで解ける。一方難しい問題を解くには、長い論理の連鎖をたどることが必要である。しかしこの連鎖は、ＤＮＡのように日に日に短くなり、四〇歳を過ぎるあたりで磨滅してしまうのである。

組合せ最適化のパイオニアである、コーネル大学のファルカーソン教授は、四〇代半ばを迎えて、「組合せ最適化は若者たちのゲームだ」と慨嘆したが、冨田博士も四〇の声を聞いてこのことを悟ったのかもしれない。実際この人はＮ大に移ったあと、東京の研究仲間との付き合いを絶ってしまった。

ヒラノ教授が学生だった時代、問題自体は誰にでも分かるが、なかなか解けない問題の代表は、「四色問題」と「フェルマーの最終定理」だった。

四色問題とは、〝平面上に描かれた地図は、どのような形状のものであっても、四色で塗り分けられる〟ことを証明する問題である。一九七六年にイリノイ大学のアッペル博士とハーケン博士がこの定理を証明したとき、一般紙でもそのニュースが報じられた（このとき、何千人ものアマチュア数学者が失業した）。

一方「フェルマーの最終定理」とは、〝$n \geqq 3$ のとき $x^n + y^n = z^n$ を満たす整数 x、y、z は存在しない〟という定理である。一九九三年にプリンストン大学のアンドリュー・ワイルズ教授が、この定理が正しいことを証明したとき、一般紙の一面に大々的に取り上げられた（このときは何百人ものプロ数学者が失業した）。

数学上の未解決問題は、これ以外にもいろいろあるが、素人には何が問題なのか良く分からないものがほとんどである。たとえば二〇〇二年に、ロシアのグレゴリー・ペレルマン博士によって「ポアンカレ予想」が解決されたとき、数学者は大騒ぎしたが、新聞の一面には載らなかった（科学記者が書いた記事を、デスクがボツにしたのかもしれない）。

しかし〝P≠NP予想〟が証明されれば、そのときすべての新聞がこれを一面で取り上げるだろう。ポアンカレ予想に関する業績でフィールズ賞を受賞した、スティーブン・スメール教授（カリフォルニア大学）が言うように、

「P≠NP予想は、現代数学の最も重要で美しい問題であって、問題自体は素人でも分かる」

からである。

ちなみに、「クレイ数学研究所」が二〇〇〇年にリストアップした、七つの〝ミレニアム問題〟のトップを飾ったのは、この問題である（この問題を解いた人には、一億円の賞金が与えられることになっている）。

七年間屋根裏部屋にこもって、フェルマーの定理に取り組んだワイルズ教授が、この定理を証明したのは四一歳のときである（四〇歳までと規定されているフィールズ賞が、特例として四〇歳超のワイルズ教授に授与されたのは、これが三〇〇年来の難問だったからである）。

この時世間は、同教授が次々と新しい研究成果を出すものと期待したが、その期待は裏切られた。以後一五年以上にわたって、この人はほとんど論文を書かなかった。

極度の集中によって燃え尽きてしまったのか。それとも、フェルマーの定理に比べれば、どの問題も取るに足りないと思ったのだろうか。

冨田博士は、一九七六年の論文が完成した直後から、巡回セールスマン問題に取り組み、仲間たちの前から姿を消す一九八四年までは、この問題に取組んでいたはずだ。七六年以降ほとんど論文を発表していないことが、それを証明している。

この人が挑んだのは、数学大陸にそびえる難攻不落の未踏峰だった。この山に登るには、いくつものルートがあった。巡回セールスマン問題、ナップサック問題、ネットワーク上の最大カット問題、等々。

一流の登山家が、様々なルートを辿って頂点を目指したが、三〇年かけても登頂に成功した人はいなかった。そして、登山家たちの間で語られるようになったのは、〝そもそもこの山には、頂上がないのではないか〟という陰鬱極まる予想である。

ワイルズ教授とペレルマン博士は、数学大陸の未踏峰に登頂した幸運な人である。一方冨田博士は、巡回セールスマン・ルートからNP完全問題の登頂を試み、遭難した登山家の一人である。

若いころ、双線形計画問題という未踏峰にアタックして、危うく遭難しかけたヒラノ教授にとって、冨田博士の遭難は他人事とは思えない。解けそうで解けない問題とかかわりあった時の苦しさは、経験したものでなければ絶対にわからないだろう。

せめてもの救いは、組み合わせ最適化法のチャンピオンであるファルカーソン教授のように、ライフワークとして取り組んでいた難問を、あとからやってきた若い天才に易々と解かれたことに絶望して、命を絶つようなことが無かったことである。

冨田博士が撤退した後も、研究者は登頂を諦めなかった。彼らは一九五四年のダンツィク＝ファルカーソン＝ジョンソンのアプローチを手掛かりに、二〇〇九年時点で二万都市を回る巡回セールスマン問題を解くことに成功している。しかし、如何に工夫しても、ヒラノ老人が生きている間に、一〇〇万都市を巡る問題は解けないだろう。

計算機嫌いの冨田教授は、何千台もの計算機を繋いだ力ずくの研究に対して、どのようにコメントするだろうか。数学者風に、「美しくない研究は、やる価値が無い」と言うだろうか。それともエンジニア風に、「なかなかやるじゃないか」と言うだろうか。

ではＮ大に移ったあと、冨田教授は何をやっていたのか。かつての同僚に尋ねても、その後の消息はつかめなかった。

そこでヒラノ老人は、この原稿を書くにあたって、インターネットで検索することにした。まずGoogle Scholarで、冨田教授の発表論文リストを調べてみた。しかし、レフェリーつきジャーナル論文は、一九七六年以降一つもリストされていなかった。

次に、ＭＳＮ検索で「冨田信夫」と入力してみた。出てきたのは、〝良寛研究者として知られる冨田信夫・元Ｎ大学経済学部教授（東北民芸館長）が、古い文献を調査した結果、生涯独身を貫いたと思われていた良寛和尚が、若い頃結婚していたことを発見した〟という読売新聞の記事だった。

冨田信夫博士と良寛和尚！　一体これはどうしたことか。

調べてみると、冨田教授の良寛研究は一過性のものではなかった。一つ例を挙げれば、二〇〇九年には、長い間良寛の句ではないかと見られていたにもかかわらず、確証がなかった「焚くほどは　風がもて来る　落葉かな」という句が、良寛の作であることを証明する資料を発見している。

かつて全身全霊を捧げて追い続け、捕まえたかと思うとするりと逃げ去った「巡回セールスマン問題」と違って、良寛の謎を解き明かす作業は、次々と新しい成果をもたらしているようだ。

あの才能と執念をもってすれば、冨田博士は世界最高の良寛研究者として、後世に名を残すことになるだろう。

第四章
ベトナムから来た形状記憶人間

四人目は、〝東工大三奇人〟の一人である白川浩助手が、筑波大学に講師として転出したあと、二人目の助手になった、〝形状記憶人間〟パン・ティアン・タック博士である。白川博士と同じ一九六〇年生まれのこの人は、ベトナムの元通産大臣の次男で、後にベトナム文化勲章を受章する数学者ホアン・トイ教授の一番弟子にして、その娘ムコというエリートである。

ベトナム人の名前は、日本人と同様最初が姓、最後が名を表しているが、国内ではパンさんではなくタックさんと呼ぶのがふつうだという。欧米では、親しい人の間でファースト・ネームで呼び合うのがふつうだが、ベトナムでは公式の席でもファースト・ネームで呼ぶのだそうだ（これで混乱は起こらないのだろうか）。

ベトナムは、古くから優れた数学者を輩出してきた国である。優秀な子供は、イスラエルのキブツのようなエリート学校でスパルタ教育を受け、特別に優秀な人はフランスやロシアに留学して博士号を取る。そして、彼らのかなりの部分は留学先の国に住みついて、収入の一部

（もしくは大半）を母国に送金して、国の経済に貢献するのである。

タック少年は、一旦はこのエリート・コースに乗ったが、スパルタ・トレーニングに馴染めなかったためここから離脱し、ハノイにある「国立数学研究所」という大学院大学で、ベトナム数学会長を務めるホアン・トイ教授の指導の下で博士号を取った。そして教授のお眼鏡に叶って、（博士号と抱き合わせで）愛娘を頂戴することになった好人物である。

父親似でガッツのあるお嬢様は、キブツでトップの成績を修めたスーパー・ウーマンで、おっとりしたタック青年との組合せは、ヒラノ教授がアメリカ留学中に発見した、〝夫婦総和一定の法則〟を裏書きしてくれた。

タック青年が書いた博士論文は、ヒラノ教授が専門とする「非凸型最適化法」、後に「大域的最適化法」と呼ばれることになる研究分野の基本的な問題――双対理論――を扱ったもので、その美しい定理は専門家の間で高い評価を得た。

この業績を評価されたタック博士は、ハノイ数学研究所と提携関係を結んでいる東工大の数学科に招かれ、一九八八年の七月から三ヶ月間をここで過ごすことになった。

当時のヒラノ教授は、八月末に開かれる「国際数理計画法シンポジウム」の事務局長として多忙を極めていたから、一時間でも無駄にしたくなかった。しかし、尊敬するトイ教授のメッセージを携えていると聞けば、会わないわけにはいかない。

ベトナム人イコールベトコン、すなわち肌浅黒くやせぎすで眼光炯々《けいけい》たる戦闘員、というイメージを抱いていたヒラノ教授の前に現れたのは、丸顔のおっとりした青年だった。そのゆっくりした英語と、人を惹きつける笑顔に好感を覚えたヒラノ教授は、その週末にタック氏を自宅に招いて妻の手料理を御馳走した。

人間は第一印象が肝心である。初対面のときに素敵な人物だと思った人は、九五％の確率で素敵な人である。その逆もまた真である。ヒラノ教授の直感の正しさは、その後まもなく証明されることになる。

世界から八〇〇人の研究者が集まるシンポジウムの現場指揮官は、沢山の問題を処理しなくてはならない。中国人W氏の参加費踏み倒し問題。傲慢インド人K博士の要求撥ねつけ問題。ロシア語しか通じないD博士の接遇問題。

アメリカ人J教授の急死をめぐる警察との対応。引き取り手がない死体の搬送に関するD航空との交渉。死にたい症候群のカナダ人A教授の飛び降り自殺未遂事件。椿山荘パーティーで、高級料理の皿が空になったため、ジャンク・フードを手当てして、アメリカから飛んできた〝鳥人たち〟の胃袋を埋める作業、などなど。

月曜から金曜までの五日間で、一〇〇〇件近い研究発表が行われたにも拘らず、ヒラノ教授が聞くことが出来たのは、一〇件ほどに過ぎなかった。タック博士の講演を聞きに行ったのは、たまたまポッカリ時間が空いたためである。

会場に足を踏み入れたとき、既に講演は始まっていた。そして、スクリーンに写されたスライドを見て、かつてヒラノ教授を苦しめたモンスター、「双線形計画問題」を捕獲する方法を思いついたのである。

もし到着が一分遅ければ、そのスライドを見ることはなかっただろう。〝天の配剤〟とは、こういうときに用意された言葉である。

ヒラノ教授がモンスターに出会ったのは、スタンフォード大学に留学していた一九七〇年、すなわちリチャード・カープ教授が「NP完全理論」を打ち立てたころである。しかし、この時ヒラノ青年はカープの定理も、双線形計画問題がNP困難問題だということも知らなかった。知らないほど強いことはない。

半年後、ヒラノ青年はトイ教授が発明した〝トイのカッター〟を使って、この問題を解いたつもりになった。有頂天になった青年を崖下に突き落としたのは、カープの同僚でヒラノ教授の兄弟子にあたるイラン・アドラー博士である。

バークレーに呼び出されたヒラノ青年が、定理の内容を説明すると、アドラーは、

「君の証明には本質的な誤りがある」と叫んだ。

「どこが違っているのでしょう」。この定理の正しさは、〝数理計画法の父〟と呼ばれるジョー

ジ・ダンツィク教授のお墨付きを頂戴したものである。

「どの部分が間違っているかよく分からないが、それは簡単な反例で示すことが出来るはずだ」

日本に戻ったヒラノ青年に届いたのは、アドラーの弟子たちが書いた、「ヒラノの切除平面法の収束性に関する反例」という論文である。それは、ヒラノの定理の誤りがあることを示していた。

その後間もなく、「双線形計画問題」は富田博士が遭難した「巡回セールスマン問題」と同様、NP困難族の一員であることが明らかになった。

それから三年、ヒラノ青年は証明の誤りを修正すべく、あらゆる知恵を絞った。しかし、すべての試みは失敗に終わった。そして、一旦はこの問題から撤退したのである。

ところが追いだしたはずのモンスターは、頭の片隅で生きていた。ヒラノ教授はタック博士のスライドを見た瞬間、大モンスターの息子に当たる、「線形乗法計画問題」を料理する方法があることに気付いたのである。

それは、とても簡単なアイディアだった。それまで大モンスターを丸ごと料理しようとしたのだが、煮ても焼いてもフライにしても、食べることはできなかった。しかしタック氏のスライドは、〝小モンスターであれば、背骨を一本取除いて開きにした上で、従来から知られている料理法（パラメトリック単体法）を施せば食べられる〟ことを示していた。

タック博士にも、そのことは分かっていたはずだ。しかし、数学者であるタック博士には、ヒラノ教授を悩ませてきた問題を解くことには関心が無かったのである（嬉しいことに数学者は、具体的問題を解くことには関心がない生き物なのである）。

タック博士は、数学科の客員研究員として三ヶ月過ごしたあと、かねて研究上の付き合いがあった石橋助教授のアレンジで、更に九ヶ月を上智大学で過ごすことになった（善人は若死にするという言葉があるが、石橋助教授は、出張先のアトランタで、倒れてきた大木の下敷きになって、四〇歳の若さで命を落としてしまった）。

学生時代以来、ヒラノ教授は何人もの世界的（応用）数学者と知り合いになった。日本人で言えば、森口繁一、一松信、伊理正夫、竹内啓。そしてアメリカでは、ドナルド・クヌース、ジーン・コラブ、ロバート・ウィルソン、リチャード・ブレント、マイケル・ハリソン。〝目から鼻に抜ける〟という表現があるが、これらの人は本当に神様のように数学が出来た。

タック博士は、これらの人に劣らない数学の天才だった。この才能と人柄、毛並みの良さからすれば、二〇年後には義父の後を継いで、ハノイ数学研究所長になってもおかしくない。

数学の天才は、概して数学が弱い人に対する思いやりがない。彼らは数学が分からない人が、何故分からないのかが分からない、〝リコウの壁〟の住民だからである。こういう人に、〝バカの壁〟の一員がものを尋ねれば、「もっと分かり易く抽象的に説明して下さい」と言われるのがおちである。

しかし、タック博士は天才であるにも拘わらず、全く〝カド〟というものが無かった。どのように下らない質問をしようが決してバカにせず、ニコニコしながら教えてくれるのである。

〝共同研究するには、これ以上の人は居ない〟。こう考えたヒラノ教授は、いずれこの人を東工大に招待して、一緒に研究したいと思うようになった。

その機会はすぐに巡って来た。一旦ベトナムに帰ったタック博士と、その父親のトイ教授をまとめて招待するために必要な資金のめどがついたのだ。

トイ教授は一九二七年生まれだから、既に六〇歳の大台を超えている。還暦を過ぎた人には、いつ何が起こっても不思議はないから、一人だけ招待するのはリスキーだ。その点、義理の息子を一緒に招待しておけば、心配しないで済む。

三ヶ月の滞在期間中、ヒラノ・チームはベトナムのチャンピオン父子から、「大域的最適化法」をたっぷり教えて頂いた。そしてその知識は、いくつもの論文として結実した。タック博士も、〝真理とは役に立つことなり〟という信念の下で、ゴリゴリ働くエンジニアとの交流の中から、多くのものを得たようだった。

今思えば、二〇歳年下の大天才白川浩・タック博士たちを自宅に招いてワイワイやっていた一九八九年こそ、ヒラノ教授の〝生涯最良の年〟だった。小モンスターに続いて、大きな獲物が次々と網にかかってきたのは、この年である。

その後、フンボルト奨学金を手に入れたタック・ファミリーは、ドイツのトリア大学数学科に留学した。世界各地の大学を渡り歩くタック博士は、研究ジプシーだった。

一九九一年の夏、アムステルダムで開かれたシンポジウムのあと、ヒラノ教授はマルクスの生家があるトリアを訪れ、タック・ファミリーに再会した。三階建てのアパートは、ワンフロアーが四畳半ほどしかない妙チキリンなものだったが、この狭い部屋に奨学金の四割を支払っていると聞いて、ヒラノ教授は心から同情した。

三〇歳を迎えたタック博士の姿は、アメリカに留学していた二〇年前の自分と重なった。かつかつの奨学金、自分勝手な息子、いつも泣いてばかりいる娘、そして重いカートを引っ張って、スーパー・マーケットから帰る長い坂道。〝何とかしてあげたいなあ〟。

この希望がかなえられたのはその翌年、一九九二年の四月である。白川助手が筑波大学に講師として転出したあと、次の助手を採用する権利を確保したヒラノ教授は、タック博士を招くことを決めたのである。

白川博士のように、優秀で性格のいい助手は滅多に居ない。万一、気難しい人や才能がない人を抱えて、長逗留されたら大変だ。その点タック博士は優秀で人柄もいい。しかも、「ハノイ数学研究所」のポストはキープされているから、様子を見て適当なところで帰ってもらえばいい。

トイ教授によれば、タック博士は英・仏・独・露の四ヶ国語を自在に操るということだから、半年も勉強すれば日本語もペラペラになるだろう。

折から規制緩和が進み、制度上は外国人を助手として雇用することができるようになっていた。しかし問題は、ベトナムとは正式な国交がないことである。東工大では、国交がない国の研究者を、国家公務員として採用した前例はない。事務局は前例のないことは大嫌いだ。

そこでヒラノ教授は一計を案じた。内閣法制局に勤める友人に、法律上はベトナム人を雇っても問題がないことを確認したあと、

「東大ではこの間、ベトナム人を助手に採用したそうです」と人事係長に耳打ちしたのである。するとこの人事はあっという間に通ってしまった。こうして、ベトナム人としては二人目（恐らくは一人目）の日本国公務員が誕生したという次第である。

トリア大学から直接日本に来ることになったタック博士のために、ヒラノ教授は一〇万円近い大金を投じて、日本語教習テープ全二四巻を送り届けた。一日も早く日本語をマスターしてもらい、白川助手ほどとはいかないまでも、学生の指導や少しばかりの雑用を担当してもらお

うと思ったためである。

〝四ヶ国語を自由に操る男なら、三ヶ月もあれば日常会話くらいはこなせるようになるだろう――〟。残念ながらこの思惑は大ハズレだった。大岡山に到着したタック氏は、コンニチワ、アリガトウ、ヨカッタ、トイレハドコデスカ、ボクハタックデスなどの一〇語程度しか話せなかった。

その一方で、タック夫人は、日常生活には不自由しないくらい上手に日本語を話した。ヒラノ教授が送ったテープで勉強したのは、タック博士ではなく奥さんだったのである。

英語が話せれば、日本語がダメでも研究上は支障がない。しかし日本語を話さない助手に、事務的な仕事を頼むわけにはいかない。事務官の多くは、英語くらいは分かる（はずだ）が、彼らは日本語が通じない人とは付き合いたがらないからだ。

なるべく早く日本語をマスターしてもらうため、留学生担当教官と交渉して、日本語会話授業への出席を特例として認めてもらった。〝手間のかかる奴だが、三ヶ月もすれば留学生並みにはなるだろう――〟。

その一方でタック博士の数学力は、数学科の教授も一目置くレベルだった。この結果、「このような凄い数学者を助手として迎えた、人文・社会群のヒラノ某はなかなかのタマだ」という評判が立った。

東工大教授が一目置くくらいだから、ヒラノ研究室の大学院生とはレベルが違った。というわけで、白川・久野両博士も、難しい数学上の問題については、タック博士に相談を持ちかけていたようだ。

エンジニアが拙速で書き流す論文に比べると、数学者タック助手の論文は、どれも本質的な大問題を扱った、奥深いものだった。そして、OR学会や応用数理学会での研究発表を通じて、タック助手は日本人研究者の間で尊敬を集めるようになっていった。

ベトナムといえば、ベトちゃんドクちゃんくらいしか知らない東工大の若者に対して、タック博士が及ぼした影響は測り知れないものがある。頭が良く、人柄が良く、控え目なタック博士を招いたのは、東工大としては大ヒットだった。

ところがこの人は、並外れて融通が利かない人だった。三ヶ月経っても一向に日本語が上達しないタック助手に、留学生担当教官は不快感を示した。

「どんな留学生でも、三カ月やればもう少しできるようになるものですが、あの人は全く駄目なんです」

「英語はもちろん、独・仏・露もペラペラなので、日本語もすぐできるようになると思ったんですけどね」

結論は一つ、怠けているということだ。そこでヒラノ教授は、留学生担当教官の言葉を伝えるついでに、文句を言った。

「日本語講座を破門になりそうだよ。ドイツ語もフランス語も話せるのに、なぜ日本語はダメなんですか」

「ボクは英語しか話せません。それも苦労の末に、やっと話せるようになったんです」

「トイ先生から聞きましたよ。四ヶ国語ペラペラだって」

「そんなことを言ったんですか⁉　それはボクを売り込むための作戦です」

「えーッ！」

「カタカナは覚えましたが、漢字はダメなんです。ベトナムは昔から、中国にいじめられてきました。だから、中国に関係するものは全部ダメなんです」

中国と国境を接するベトナムは、一〇〇〇年以上にわたって中国の侵略に苦しめられてきた国である。タック助手が大学生だった一九七九年の中越戦争でも、ベトナムは中国軍の侵攻を受けている。これに対して、ベトナムの天敵である中国と対立しているソ連は、ベトナムにとって好ましい存在だった。

初めて自宅に招待した時

「先生は中国とソ連のどちらが嫌いですか」と聞かれて、気楽に

「もちろんソ連ですよ」と答えたとき、

「やっぱり先生もそうですか」と悲しそうな表情を見せたことがあった。

一九八五年に文部省から、中国の安徽省合肥なる〝ドいなか〟に下放された「中国科学技術大学」に派遣され、一ヵ月にわたって講義をやらされたヒラノ教授は、中国の余りの貧しさに度肝を抜かれた。当時の中国は、ソ連と比較するに値しない最貧国だった（日本の援助が、今の傲慢な中国を作ったのだと考えると、虚しい気持ちになる）。

「漢字が書けるようになれ、とは言っていません。事務官と普通に話せるようになってくればいいんです」

「――」

「これから先、ずっと日本語を話さないで済ませるつもりなんですか！　本当のことを言うと、君には学科の雑用を二つくらい引き受けてもらいたいんですよ。基本的には研究第一でいいんだけれど、研究以外何もやらない助手は、他の教授の手前具合が悪いんです。図書委員は無理としても、懇親会の幹事くらいはやってもらえませんかね」

「そんな仕事、僕には勤まりません」

「だから、少しは日本語を勉強してほしいと言っているんです」

何回かこんなやり取りを繰り返したが、全く効果がなかった。これだけ言っても効き目がないのはなぜか。それは数学の天才は、白川助手以上に言語能力に問題があったためである。

数学者として身を立てるために、英語力は必須だ。重要な論文は英語の専門誌に発表されるし、国際学会での研究発表は英語と決まっている。

猛特訓のおかげで、英語は何とか話せるようになったが、第二外国語（ロシア語もしくはフランス語）は全くダメだった。海外留学コースから外れたのはこのためだろう。もしロシア語が出来たら、義弟のようにキエフ大学に留学して、チェルノブイリ事故で放射線を浴びていたかもしれない。

フンボルト奨学金でトリア大学に留学したときも、六ヶ月の特訓にも拘らず、ドイツ語を話せるようにならなかった。それはここでも、英語だけで不自由がなかったからである。数学者は英語だけ話せれば、世界のどこに行っても問題はない。日常生活は奥さんに任せておけばいい。

実際タック夫人は、英語はもちろん、ドイツ語もロシア語も日本語もペラペラだった。そして子供たちを保育園に預けて、自分は貿易会社に勤めてかなりの収入を得ていた。さすが鉄人ホアン・トイ教授の娘だけのことはある。

仕方なしにヒラノ教授は、懇親会委員を代行した。〝こいつはなかなか頑固だ。まるでうちの長男とそっくりだ！〟。何でも先回りしてやってくれた白川助手と、頼んでも何もやってくれないタック助手の余りの落差に、ヒラノ教授は白川博士ほどいい助手は居なかったと思うのだった。

「ともかく日本語を話せるようになって下さい。短期滞在の客員研究員ではなく、日本国の国家公務員として採用された以上、オハヨウ、コンニチワだけじゃ困るんです。三ヶ月以内にせめて五〇〇語くらいは覚えて下さい」。三ヶ月おきに同じ言葉を繰り返したが、埒が明かなかった。

この結果ヒラノ教授は、年度末にこの人の年末調整書類を作成する羽目になった。その書類を見て分かったことだが、三三歳の助手の給料は、ボーナスを含めて年五二〇万。一方五三歳の教授の給与は九〇〇万。やっている仕事の量とつりあわない数字だ。

仮に三年間で五〇〇万円貯めてベトナムに持ち帰れば、五〇〇〇万円くらいの価値がある。しかし子供が二人も居るのだから、五〇〇万貯めるのは難しいだろうと思ったところが、この家族は超倹約家族だった。

毎日卵と鶏肉を中心に献立を作り、お米は標準米、野菜は近所の農家から分けてもらう。子供のおやつはバナナ。卵は一〇個一二〇円、鶏肉は一〇〇グラム五〇円、バナナは一〇本で二〇〇円だから、家族四人で一日一〇〇〇円、月三万で済む。

ヒラノ教授のアレンジで借りた、流山の八〇平米のマンションの賃貸料は月六万円と格安だから、年三〇〇万円以上貯まる。そもそも、子持ちのベトナム人がアパートを借りるのは絶望的に難しいのが日本だ。この状況の中、田舎とはいいながら八〇平米ものアパートを借りられたのは、アパートの持主がヒラノ教授だったからである（当時のヒラノ教授は、勤務の都合で越中島にある六八平米の老朽公務員住宅に住んでいた）。

タック助手は、はじめのうちこそ週五日大学に出てきたが、三ヶ月もすると人文・社会群の文系教授を真似て、月・水・金の三日しか姿を現さなくなった。ヒラノ教授は、最低週四日は出てくるように申し渡したが、暫くすると三日になってしまう。形状保存加工を施したワイシャツのようなものだ。

しかし考えてみれば、数学者という人種は、エンジニアのようにゴリゴリ働いたりはしない。また数学者は、エンジニアのように学生や助手の面倒を見ない。数学科の助手は、研究だけやっていればいい人種なのだ。

体力で勝負するエンジニアと違って、彼らは脳みそだけの勝負だから、大学に出てこなくても研究はできる。〝次々といい研究成果を出しているのだから、大目に見るべきか？　それにしても頑固なやつだなあ〟。

タック助手は月・水・金の朝、通勤ラッシュが終わるころ、定期券と五〇〇円玉一個を持って流山の家を出る。柏駅で英字新聞を買い、電車に乗っている一時間の間に必要な情報を吸収し、一〇時半に大学に到着する。昼は学生食堂で三〇〇円のランチ。そしてラッシュが始まる前に研究室をあとにする。

コンパがあるときは、予め申告しておけば、奥さんから実費が支給される。しかし、ふだんは酒を飲まないし煙草も吸わないから、五〇〇円あればいいのだそうだ。とは言うものの、片道六〇キロの道のりを、五〇〇円玉一個（帰りはスッカンピン）で何の文句も言わないのは、日本の五〇〇〇円は、ベトナムでは五〇〇〇〇円に相当する大金だからだろう。

夜中まで大学に張り付いていて、頼まれない事までやってくれる白川助手と、週三日しか出勤せず、頼んでも全く仕事をしてくれないタック助手の給料が同じというのは不条理な話だが、そんな人を呼んだのは自分だから諦めるしかない。

研究成果は充分以上に上がっているから、研究協力者としては居てもらいたいが、全く雑用をやらない助手は厄介者だ。こうして三年目に入った頃から、ヒラノ教授はどうやって穏便に帰国してもらうかを考えるようになった。

国家公務員は、不祥事を起こさない限り解雇する事はできない。たとえ外国人でも、居座られたら首にはできないのである。一日五時間・週三日勤務で、五〇〇万円（当時の為替レートで四万ドル！）以上払ってくれる職場は、世界のどこを探しても見つからない。だから病気にでもならない限り、自発的に帰るとは言い出さないのではないか。

ところがここに神風が吹いた。ヒラノ教授が東工大のオアシスと呼ばれる文系教官集団を離脱して、鉄の軍団・経営システム工学科に移籍することが決まったのである。
自分が採用したベトナム人助手を、人文・社会群に残していけば、藤川助手を捨て子したI教授以上の悪評を覚悟しなくてはならない。タック助手本人も困るだろう。

だから、経営システム工学科に連れて行かざるを得ないが、ここはオアシスとは全く異なるラグビー部のような組織だから、週五日以上出勤して、それなりの役割を分担するのがルールだ。一年くらいは大目に見てくれても、日本語を話せない助手はここでは生きていけない。

その一年後、新大学院「社会理工学研究科」設立に伴って学科が改組されるに及んで、さすがのタック助手も、もう無理だと判断したようだ。

こうして東工大で丸四年を過ごしたあと、タック博士はベトナムに帰った。残ったのは、ヒラノ教授が書いた一五〇編の論文中で、最も数学レベルが高い三編の共著論文と、ヒラノ＝タック＝トイの三人による〝画期的〟モノグラフ、『Optimization on Low Rank Nonconvex Structures』（Springer、一九九七）である。

全六〇〇ページのこの本は、三人がそれぞれ二〇〇ページずつを担当したものだが、タック博士がいなければ完成しなかっただろう。

一九九二年にプリンストン大学で開かれたシンポジウムで、トイ教授から共同執筆の提案を受けた時、婉曲に断ったつもりがイエスと解釈されて、あとに引けなくなったのだが、それからあと五年間、ヒラノ教授はこの誘いに乗ったことを後悔して過ごした。アメリカ人相手であれば、明確にノーと言ったはずだが、アジア人同士だから、婉曲表現が通ると思ったのが間違いだった。

なおトイ教授は、ベトナム戦争の間、〝北爆〟を逃れてジャングルに隠れ、昼は農作業、夜は月明かりの中で数学研究を続けたという〝大バケモノ〟である。

戦後は、ハノイに数学研究所を設立してベトナム数学界に君臨し、大域的最適化のパイオニアとして歴史に残る業績を挙げた。そして一九九六年には数学者としてはじめて、ホー・チ・ミン賞（ベトナムの文化勲章）を受賞している。日本でいえば、小平邦彦・広中平祐教授にも匹敵する超大物数学者である。

一頃は数学者になりたいと思ったものの、この世界で一流にはなれないと考え、数学者の道を諦めたヒラノ教授にとって、このような人と毎年三ヶ月も一緒に仕事するのは、とても辛いことだった。

この人の頭の中は、数学で埋め尽くされていて、滞在期間中に数学（大域的最適化）以外の話をしたことはほとんどない。ベトナム戦争のため、一〇年近い時間を無駄にしたという思い（怨念）があるためか、六〇歳を過ぎても四〇代のような情熱で数学に取り組んでいた。ヒラノ教授はトイ教授を心底から尊敬していたが、この人と半日議論したあとは、決まって不整脈に悩まされた。

ワーカホリックとして名高い、フロリダ大学のパノス・パルダロス教授は、「トイさんとまともに付き合ったら三日で死ぬ」と言っていたが、実際ヒラノ教授が知っているだけでも、トイ教授に〝殺された〟人が二人いる。

一人目は、九一年にトイ教授と共著で、大域的最適化に関する記念碑的教科書を書いた、トリア大学のライナー・ホルスト教授である。この人は、この本の中の記述の誤りを指摘され、改訂版が出るときに修正する事を約束させられた。ところが、その約束を十分に守らなかったために、トイ教授から激しく責められ、それがもとで研究する意欲をなくしてしまった。

これはホルスト教授の側に非があるのだが、そこまで攻め立てる事もないだろうと思われる非難の言葉に、ヒラノ教授は震え上がった。〝もし自分がミスを犯せば、同じ目にあうのだ！〟

二人目は、かつての教え子であるドゥオング博士である。この人はタック博士の兄弟子であるが、ある定理の証明にミスがあることを指摘されたとき、素直に間違いを認めればよかったのに、逆にトイ教授の考え違いだと反論したのが原因で、徹底的にやられてしまったのである。

トイ教授との付き合いに疲れたヒラノ教授は、そのプレッシャーを逸らすため、タック助手を共著者に迎え入れることを提案した。自分が担当する特殊問題の解法部分と、トイ教授が担当する純理論部分を繋ぐものとして、タック助手の研究成果を含めれば、より魅力的な本に仕上がるだろうという提案である。

トイ教授は、息子を売り出す絶好の機会と思ったようだ。またタック助手も、雑用をやらないことに対する負い目があったのか、この仕事を引受けてくれた。三日で死ぬはずの男が、五年間生き長らえることが出来たのは、タック助手がトイ教授のプレッシャーの大部分を吸収してくれたおかげである。

トイ教授の厳しい要求をのらりくらりとかわすタック助手を見て、ヒラノ教授はトイ教授の放射線をかわす方法を見つけた。何をやるにもじっくり時間をかけるタック助手より、少しばかり早く仕事を完成させれば、火の粉は降ってこないのである。

パルダロス教授によれば、トイ教授とまともに付き合っておかしくならなかったのは、ヒラノ教授だけだということだが、それは違う。この人と二五年以上付き合っても、まだおかしくならない人がいる。それは、どれほどプレッシャーをかけても、すぐもとに戻ってしまう〝形状記憶人間〟タック博士である。

読者も想像して頂きたい。ベトナム数学界の帝王で、文化勲章に輝いた才能と根性の塊のような義父と同じ分野の研究をしている青年が、どれほどストレスを受けるかを。これほど凄い（凄すぎる）人物と、二五年間至近距離で付き合っておかしくならなかったのは、タック博士が形状記憶合金だったからに他ならない。

トイ教授とそのお嬢様の要求をかわして、自らの生き方を貫いた人にとって、ヒラノ教授の日本語要求をやり過ごすくらいは、わけもないことだったのだ。

タック博士がベトナムに帰って一ヶ月ほど経った頃、流山郵便局から、この人あての郵便物が転送されてきた。知人には、ベトナムに帰ることを知らせてあるので、特別なもの以外は廃棄しても構わないということだった。

思ったとおり、大半はジャンクメールだったが、中に一つだけ気になるものが含まれていた。ナイジェリアから来た、差出人の名前がない手紙である。

何かのついでに送ってやろうと考え、引き出しにしまったが、引き出しを開ける度にこの手紙が目に入る。そのうち心配になってきた。タック博士にとって重要な手紙かもしれない。しかし、差出人名がない重要な手紙なんてあるだろうか？

迷った末封筒を開けたヒラノ教授は、そこにとんでもない事が書かれているのを見て、心臓が破裂しそうになった。

〝私はナイジェリア政府に勤める××です。この分野において豊富な経験をお持ちのあなたに、折入ってお願いしたい事があり、お手紙を差し上げます〟。

という文章で始まるこの手紙は、ナイジェリアの政府高官が、ダム建設に関わる日本政府のODA資金の一部三〇〇〇万ドルを口座に振り込むので、後日その三分の二を指定の口座に転送して貰えないか。謝礼として一〇〇〇万ドル（一億二〇〇〇万円）を支払う、という内容である。

ナイジェリアの政府高官が、〝この分野で豊富な経験を持つ〟日本在住のベトナム人に依頼して、ねこばばしたお金のロンダリングをやろうというのである。

善良そのもののタック博士（もしくはスーパー・ウーマンのタック夫人）は、国際シンジケートに繋がっていたのだ！　人は見かけによらぬものである。とんでもないものを見てしまったヒラノ教授は青くなった。〝こんなものは、見なかったことにするしかない〟。

その一年後、ハノイを訪れたヒラノ教授ご一行様は、高級住宅街に建てられた三階建ての豪邸に招かれ、料理人つきの豪華クリスマス・ディナーをご馳走になった。同席したトイ教授によれば、タック博士は大邸宅のほかに、米国人向けの高級賃貸マンションを所有しているということだった。

〝やってくれたぜ、この男。俺は（日本人は）なんというお人よしだろう〟。

疑惑が晴れたのは、その一年後にナイジェリアからヒラノ教授宛に、ほとんど同じ内容の手紙が届いたときである。ヒラノ教授は金輪際この種のビジネスに関わった事はない。それは自分が一番良く知っている。

その後判明したのは、これは一種の詐欺行為だということである。手紙を受け取って、その気になって相手に口座番号を教えると、その口座からお金を引落されてしまうのだそうだ。

あの豪邸は、ナイジェリアの一〇〇万ドルではなく、バナナ・鶏肉・卵生活で蓄えた公務員給料で建てられたものだったのだ。

いつかこれを肴に、タック博士と一杯やりたいものだと思っているが、残念ながらその機会は巡ってこない。タック博士はベトナムに戻ったあと肝臓にトラブルを抱え、海外で開かれる研究集会に参加しなくなってしまったからである（もしかすると、さすがの形状記憶合金も、トイ教授の放射線で溶かされてしまったのかもしれない）。

病を抱えても、アパートからの収入があるから生活に困ることはない。それにこの人には、あの奥さんがついている。ヒラノ教授が送ったテープで日本語の基礎を学び、四年間の日本生活で更に実力をつけたタック夫人は、日本大使館に職を得て、バリバリ働いているということである。

第五章
研究の鬼

ウィスコンシン大学から戻ってしばらくした頃、『SIAM Journal of Applied Mathematics』というジャーナルから、マサカズ・コジマ、ヒサカズ・ニシノ、トモハル・セキネ三氏連名の論文の審査（レフェリー）を依頼する手紙が届いた。

応用数学の分野で、世界のトップに位置するジャーナルから審査依頼を受けたということは、国際研究者ネットワークに組み込まれたことの証しである。その上、著者の二人が昔からの知り合いとあれば、引き受けないわけにはいかない。

西野寿一氏と関根智明氏は、慶應大学管理工学科のスタッフである。ヒラノ教授と同年生まれの西野講師は、世界最高の経済学者と称されるケネス・アロー教授に師事した、数理経済学のエースである。

一〇歳ほど年長の関根智明助教授は、わが国の数理計画法のパイオニアの一人で、白面の貴公子・西野講師とは対照的に、陽焼けした相貌と荒っぽい言葉使いは、大学教授というよりはカジキ釣りの漁師を想起させる野人である。筆頭著者である小島という人に会ったことはないが、多分関根・西野門下の学生だろう。

一九七〇年代はじめ、数理計画法の分野で、国際的ジャーナルに論文を投稿しようと考える日本人はほとんど居なかった。日本の研究レベルはかなり高かったのだが、海外の専門誌に投稿する人が少なかったのは、数式入りの英文論文を作成するには、膨大な時間とかなりのお金が必要だったからである。

メモリーつきのタイプライターが発売されたのは、何年もあとだから、打ち間違いを修正するのは大仕事だった。外注すれば一ページあたり三〇〇〇円、二〇ページ分なら六万円は取られる。大卒初任給が月五〜六万円の時代だから、ポケット・マネーで払える額ではない。

レフェリーの要求に応えて改訂を行う際には、また数万円かかる。しかもこれは、一回で済むという保証はない。したがって国際的ジャーナルに論文を投稿するには、内容に関する十分な自信と、時間・費用に対する裏付けが必要だったのである。

この論文は、当時流行していた「相補性問題」を扱ったもので、その内容を理解するためには、参考文献リストに載っているいくつかの論文に目を通す必要があった。しかし、自分の研究テーマとは隔たりがあるので、あまり時間をかける気にはなれなかった。

そこで内容を九分どおり理解したところで、〝少々の改訂を施した後、受理してもいいのではないか〟というレポートを編集長あてに送った。

二年後の一九七六年に掲載されたこの論文は、のちの世界チャンピオン・小島政和氏の国際デビュー作になった。


一九七二年の秋、ウィスコンシン大学の「数学研究センター」に招待されたとき、ヒラノ青年は得意の絶頂にあった。ここに招待されるということは、国際的研究の場で、一流の研究者として認知された証だったからである。

ところがヒラノ青年は、その後、煮ても焼いても食えないモンスター「双線形計画問題」に捕まって、傷だらけになってしまった。苦し紛れに書いた在庫管理に関する論文は、ヒラノ青年を招待してくれた教授から、〝書かない方がいい論文〟と酷評された。

学生としての競争ではトップを走ったが、一流研究者との競争で〝負け犬〟になったヒラノ青年が日本に逃げ帰ったのは、一九七三年九月である。

一方小島政和博士は、その半年後の一九七四年四月に、一年余り助手として過ごした慶應大学管理工学科を辞し、東京工業大学理学部情報科学科の助手に就任した。この人を採用したのは、待ち行列理論の研究者として高名な森村英典教授である。

待ち行列と数理計画法は、ヒラノ教授の専門であるオペレーションズ・リサーチ（ＯＲ）の二大研究領域であるが、両者の間に共通部分はない。

自分とは異なる領域の研究者を助手に迎えるのは、リスキーな選択である。同じ分野であれば、教授は助手と協力して次々と論文を書くことができるが、専門分野が違うと、そういうわけにはいかないからである。

一方、採用される助手も教授の協力が得られないのだから、独力で研究しなくてはならない。成果が上がらなければ、万年助手という絶望的状況が待っている。森村教授がそれを承知で小島博士を採用したのは、関根・西野両教授からこの人の才能に関する保証と、それを裏づけるデータを見せられたからだろう。

では慶應大学は、なぜこれほど優秀な人を放出したのか。それはこの学科では、講師・助教授への昇任の見込みがなかったからである。

日本の大学では、教官定数が厳密に決まっていて、どれほど優秀な人であっても、ポストがなければ昇進させることは出来ない。だからこのまま慶應にとどまれば、高齢助手になること必定である。

定員が多い組織、たとえば東京大学電気工学科のような大所帯になると、全体で一ダース近い助教授ポストがある。そして、これらのすべてがふさがっているときには、隣の学科から一時的にポストを借りてくる、という手が残されている。

したがってこのような学科では、とびきり優秀な助手を外に放出するようなことは、絶対にやらない。一方私学の場合は、慶應のようなお金持ち大学でも、そのような余裕はない。

もう一つの理由は、かねて管理工学科の中で小島助手の研究内容に対して、〝管理工学とは無縁の単なる数学に過ぎない〟という批判があったことである。〝このようなところで苦労させるより、自由に研究が出来る東工大に預かってもらおう——〟。指導教官である西野講師はこう判断したのだろう。

西野・関根両教授と共に書いた論文を出発点として、小島助手は「相補性問題」と、新しく立ちあがった「不動点問題」という二つの分野で目覚しい成果を挙げた。当時この分野は、世界で最も頭のいい人が参戦する、数理計画法のウィンブルドン・センターコートだった。

モンスターに捕まってスランプ状態にあったヒラノ青年が、師と仰ぐエゴン・バラス教授（カーネギー・メロン大学）に相談を持ちかけたとき、あの分野（不動点問題）には近づかない方が賢明だというアドバイスを下さった。

「天才たちがひしめく戦場に赴くより、身の丈にあった問題を探し出し、それに取り組む方が賢明だ」と。

それからあと、ヒラノ青年はこの忠告に従って、一流の研究者が関心を持たない領域で、細々と研究を続けてきた。ところが小島助手は、デビュー後わずか数年で、ウィンブルドン大会でシード選手に選ばれるほどの業績を上げるのである。

これらの業績を評価された小島助手は、一九七八年の秋に、（かつてヒラノ青年が招かれた）ウィスコンシン大学の「数学研究センター」に、客員助教授として招かれた。その名声にはややかげりが見られるようになったものの、依然としてこの研究所は、応用数学のセンター・オブ・エクサレンスの地位を保っていた。

米国陸軍の資金で運営されているこの研究所は、世界各地から大物研究者のほかに、博士号を取得して間もない二～三人の若手研究者を客員助教授として招待し、自由な研究の場を提供した。

これらの人の大半は、MIT、スタンフォード、コーネルなどの一流大学の大物教授の下で博士号を取った人で、日本の大学の工学部で博士号を取った人でここに招かれたのは、ヒラノ教授が知る限り小島博士だけである。

小島博士のウィスコンシン行きを知ったヒラノ青年は、六年前の不始末がばれるのではないか、と心配になった。〝書かない方がいい〟と酷評された論文は、日本OR学会の論文誌に掲載されたものの、この雑誌は小島助手の論文が掲載された一流誌とは、格段の差があった。

ヒラノ青年は日本国内では、数理計画法の若手リーダーの一人ということになっていたが、それは〝数理計画法の父〟と呼ばれる、ジョージ・ダンツィク教授の弟子というポイントが上乗せされたからであって、実績から言えば小島助手に大きく差をつけられていた。

幸いなことに、ヒラノ論文を酷評した教授はカリフォルニア大学に転出したあとだったから、小島助手は〝書かない方がいい〟発言を知ることはなかっただろう。しかし、同僚たちの言葉を通して、ヒラノ青年の負け犬生活に気付いたかもしれない。

ウィスコンシン大学滞在中の一年間に、二編の優れた論文を書き、ヒラノ青年が汚した日本人の名誉を回復してくれた小島助手は、日本に戻ってまもなく助教授に昇進した。他大学の出身者であっても、実力さえあれば適正に処遇するのは、東工大の良き伝統である。

ちなみに、この大学の教官の四分の一以上が他大学の出身者であるのに対して、東大では他大学出身者は一割にも満たない。

情報科学科は数学科の出店的色彩が強い学科だから、数学科の伝統を踏襲して、助手は雑用を免除され研究に専念することができた。ところが大学である以上、雑用がない学科は有り得ない。では誰がこの仕事を負担するのかといえば、それは助教授なのである。

助教授になった小島博士は、研究する暇がないとボヤいていたが、そのような状況のもとでも、次々と画期的成果を発表した。そして一九八〇年代初めには、三〇代半ばの若さで、この分野で最も権威がある二つの専門誌の副編集長に任命されるのである。

ヒラノ教授が筑波大から東工大に移ったのはこの頃である。一般教育担当教授の、研究者としての位置づけは、専門教育担当助教授以下である。その象徴的事実は、一般教育担当教官には大学院生を指導する権限がないことである。

大学院生がいない工学部教授は、実験やプログラミングを手伝ってくれる人が居ないから、研究成果が上がらない。このことを心配した森村教授は、情報科学科の大学院で店を出すようアレンジしてくださった。この結果ヒラノ教授は、毎月情報科学科の会議に顔を出すことになったのである。

小島博士との交流は、筑波大学時代以来のものだが、親しく付き合うようになったのはこの頃からである。片や国際A級の名声を手にした気鋭の助教授。片や長いスランプにあえぐB級教授。しかもこの人は、同じ建物の同じフロアーにオフィスを構え、東工大の英才たちをガンガン鍛えていた。

小島助教授のトレーニングの厳しさは、東大の井口教授に匹敵するものだった。特に驚いたのは、ゼミの間に部屋の外まで聞こえてくる叱責の声である。

また自分に関心がないテーマや、レベルが低い研究発表を聞かされる時は、完全な睡眠状態に陥る。コックリ、コックリなどというレベルではない。首が前後にガクンガクンと動くのである。

ヒラノ教授は何度かこの場面に居合わせて、ムチ打ち症になるのではないかと心配しつつ、笑いを堪えるのに苦労した。しかしゼミが終れば、学生たちとテニスを楽しむ普通のオジサンに戻るのである。

このようなトレーニングを受けた学生は、三つのグループに分かれる。一つ目は、叱声をバネにして絶壁をよじ登り、一流の研究者になる人である。実際小島門下からは、のちに〝小島軍団〟と呼ばれることになる一流の研究者群が育った。

二つ目は、余りの厳しさに絶壁登攀を諦め、平凡な生活を選択する人である。そして三つ目は、絶壁の途中で力尽きて墜落する人である。

学生をしごく理由は、世界の第一線で研究競争を続ける小島助教授には、巨大なプレッシャーがかかっていたことである。当時の小島助教授は、世界で最も優秀な人達が集る数理計画法の主戦場、「不動点計画問題」に取り組んでいた。競争相手は世界のチャンピオンたちである。何としても彼らに負けたくない――。

ところが八〇年代に入ると、この分野はデッドロックに乗り上げてしまった。理論はある程度できあがったが、計算の壁に阻まれ、具体的な答えを求めることができない。具体的な答えを出せない応用数学は、袋小路に入る運命である。どうすれば、この袋小路を乗り越えることができるか。八〇年代半ば、小島助教授は焦っていた。

ボクシングでチャンピオンの座に上りつめた人は、ボクシング人気が凋落したときどうするか。チャンピオンであれば、ボクシングに愛着を感じているし、それに特化した訓練を積んできたのだから、おいそれと他の競技に転向することはできない。

思い切りがいい人は、K―1に新たな活躍の場を見つける。しかしそのためには、頭の切り換えと、トレーニングのやり直しが必要になる。それが出来ないチャンピオンは、ボクシングという競技と共に朽ち果てて行く。

一九八〇年代半ば、不動点問題が袋小路に入り始めたころ、小島助教授が置かれていた状況は、このチャンピオンと同じだった。

ところがここに神風が吹いた。一九八四年、AT&Tベル研究所に勤めるナレンドラ・カーマーカー博士が、一九四七年以来線形計画問題の解法として定着した、「単体法」と全く異なるアイディアに基づく、「内点法」を発表したのである。

発表当時、この方法は謎に包まれていた。カーマーカーとAT&Tは、従来の方法（ダンツィクの単体法）より一〇〇倍速いと宣伝する一方で、その根拠になるデータを明らかにしなかったからである。

カーマーカーは一九八五年の夏、MITで開かれた国際学会での招待講演に応じておきながら、会場からの質問には一切回答を拒否するという、研究者社会では例のない無法行為を働いている。

彼らはなぜデータを公表しないのか？　ここで囁かれたのが、SDI（スターウォーズ）プロジェクトとの関係である。〝カーマーカー法は、レーガン大統領のスターウォーズ作戦で中核的な役割を果たすので、具体的内容は公開できない――〟。これがMITの講演会場に流れた噂である。

彗星のように登場したカーマーカーは、数々の掟破りによって、アメリカの主流派研究者集団の間で札付きになった。坊主憎けりゃ袈裟まで憎し。かくしてカーマーカーが生み出した解法そのものも、攻撃の対象になった。

速い速いと言うが、カーマーカーとAT&Tは、その裏付けとなるデータを持っていないのではないか、というわけである。

カーマーカーの内点法は、線形計画問題という〝平らな（線形な）〟世界の問題を、〝曲がった（非線形な）〟世界に引きずり込んでねじ伏せる方法である。ヒラノ教授は、〝そのような強引な方法が単体法に勝てるはずがない〟と考えた。

実際、過去にも何度か単体法より速いと称する方法が提案されたことがあるが、結局はどれも第一ラウンドで、単体法にノックアウト負けを喰らっている。その上、過度の宣伝活動と情報秘匿、スターウォーズ構想、歴史上はじめての数学特許申請、アロー、ダンツィク、ゴモリーという大御所に対する暴言など、悪名高いカーマーカーを拒絶するついでに、内点法そのものの研究を拒絶する研究者も多かったのである。

ところが八六年末に、カーマーカーがカリフォルニア大学のイラン・アドラー（この人は、単体法の創始者であるダンツィク教授の弟子である）の協力のもとで行った計算実験によって、この方法が単体法と同程度以上の性能を持つことが示された。

以後この分野には、失うものがない若者と、不動点問題から転向した猛者たちが雪崩れを打って参入するのであるが、小島助教授はこれより二年早い八四年に、この研究に乗り出していた。

新たな研究テーマを探していた小島教授は、平らな世界の問題を曲がった世界に引きずり込むというアイディアに共鳴した。曲がった世界こそ、小島助教授のホーム・グラウンドだったからである。

幸いなことに、当時の小島研究室には、水野真治・吉瀬章子両氏をはじめとする優れた学生が揃っていた。小島助教授は、これらの学生を誘って勉強会を開始した。そして一九八五年には、世界の研究者集団から爪はじきになっていたカーマーカーを東工大に招待して、情報交換を行っている（これはある意味できわめてリスキーなことだが、小島助教授はそのようなことを気にする人ではなかった）。

アメリカでの悪名とは裏腹に、セミナーで講演するカーマーカーは、おかしな人ではなかった。アメリカ人相手につっぱっていたカーマーカーは、インド人に対する偏見のない小島教授に心を許したのかもしれない。

小島グループは、このあと全力を挙げてカーマーカー法の改良に取り組んだ。そしてカーマーカー・セミナーから数えて三年目に、後にヒラノ教授が〝オビワンケノビの剣〟と名づけた財宝を掘り当てるのである。

一九八九年に『Mathematical Programming』誌に発表された小島・水野・吉瀬三氏連名の論文は、米国オペレーションズ・リサーチ学会の「ランチェスター賞」に輝いただけでなく、「OB1」(このネーミングの由来は、悪の帝国と戦うオビワンケノビである)というソフトウェアに実装され、カーマーカー・グループが売り出したソフトウェア「KORBX」を撃沈した。この業績によって、小島教授の名声は不動のものになった。

今思えば、カーマーカーは小島教授の露払い役を演じたのだ。小島教授の活躍は、数学的力量が、いくつもの幸運を呼び寄せた結果である。

第一の幸運は、助手時代に東工大を訪れた、ヘブライ大学出身のニムロッド・メギッド(IBMアルマデン研究所)という天才と切磋琢磨したことである。

第二の幸運は、不動点問題が袋小路に入ってしまったことである。もしこの分野が順調な発展を続けていれば、チャンピオンたるもの、新たな分野に転進しようとは思わなかっただろう。

第三の幸運は、当時の小島研究室には、後に小島軍団と呼ばれることになる何人もの優秀な学生が居たことである。厳しいしごきに耐えて絶壁を登る優秀な学生の協力がなければ、あれだけの実績を挙げることは難しかっただろう。

第四のそして最大の幸運は、慶應から東工大に移籍したことではなかったか。慶應に留まっていても、それなりの業績を挙げただろうが、先輩教授の干渉にあって、エネルギーを吸い取られていたかもしれない。

これだけの名声を手に入れれば、人はそこに安住しがちである。ところが、五〇代に入った小島教授は、再び新しい活動の場を見つけるのである。それは九〇年代に急発展した「半正定値計画問題」という新領域である。

はじめのころヒラノ教授はこの問題について、〝線形計画法でうまくいった内点法がここでも使える、というだけではないのか？〟と思っていた。

しかし、それは完全な認識不足だった。問題が解けると分かった途端に、沢山の応用問題が沸き出したのだ。そして、いち早くこの分野に参入した小島教授は、ここでもチャンピオンの座を確保するのである。

一九九七年に小島教授が、進藤晋・原辰次氏と共著で発表した論文は、この分野で最も多くの研究者に参照されたものである。そしてこれらの業績を評価された小島教授は、二〇〇三年には、世界で最も影響力がある（論文の引用回数が多い）二〇〇人の数学者の一人にノミネートされている。

日本の数学者にとって、数学といえば代数・幾何・解析・確率論に限られる。組合せ数学や最適化法などの応用数学は、研究に値しないマイナー領域だと考えられているのである。

しかしそれは日本だけの話で、アメリカやヨーロッパでは、計算機数学も数理計画法も数学の重要な一分野である。したがって、日本では数学者とはみなされていない小島教授が、世界では二〇〇人の数学者に入るのである。

小島教授との付き合いは、既に三〇年を超えた。特に東工大で過ごした一九年の大半、二人のオフィスは同じ建物の同じフロアーにあったから、日常的に顔を合わせていた。ところがヒラノ教授には、この人と〝雑談〟を交わした記憶がない。ホアン・トイ教授と同様、話の内容はいつも研究と教育に関するフォーマルなものだった。

雑談する気になれなかったのは、この人の傑出した業績に圧倒されたことと、この人が一滴も酒を飲まず煙草も吸わず、たまにするテニス以外には、趣味というものを持たない人だったからである。

成城の大地主の御曹司でありながら、生活はあくまでも質素である。ありきたりのセーターを身につけ、野暮ったいライトバンに乗り込む姿は、さしずめ電気屋のおやじという風体である。近所に住んでいる人は、この人が庭掃除している姿を見て、小島家の使用人だと思ったそうである。

アメリカ出張の際にはバークレーの反体制派教授のような、ジーパン姿でエコノミー・クラス、そして一流ホテルではなく安モーテル・チェーンを利用する。

バリッとしたスーツで一流ホテルに泊るより、ジーパンで安モーテルを利用した方が、強盗に襲われる確率が小さいからだそうだが、アメリカに五年住んだ経験を持つヒラノ教授は、これに同意することはできない。

ハリウッド映画で見る通り、安モーテルほど危険な場所はないのだが、映画など見ない小島教授は、そのことを知らないのだろう。

では裕福な家庭で育ったにも拘わらず、この人がこれほど慎ましく、これほど熱心に研究に打ち込むのはなぜなのか。その理由が分かったのは、二〇〇六年に同氏が日本ＯＲ学会の機関誌に寄せた文章を読んだときである。小島教授はここで次のように書いている。

私が研究者を目指したのは学部四年の頃です。その頃既に、最適化分野で伊理正夫先生、そして新進気鋭の茨木俊秀先生、今野浩先生が国際的な活躍をなさっていらっしゃいました。「いつか私もこのような偉大な研究者に」との夢を持ったと同時に、私の能力では彼らに太刀打ちできないし、決して追いつけないだろうと強く感じました。特に、東大や京大出の秀才と全面的に競ったらまず勝ち目はありません。

ただ、私の能力をごく狭い範囲に集中し、他を切り捨てれば私にもチャンスがあるかもしれません。私が使える資源や能力は有限です。時間も有限です。したがって、互いに関連が薄い多様な事に資源、能力、時間を分散してしまえば、どれも達成度は低くなるはずです。目標を絞ってそれに集中し、それ以外は極力切り捨てましょう。

そんな理由で、研究以外の様々なものに費やす時間は極めて少なく抑えられて来ました。そのような人生の送り方を若者に薦めているわけではありませんが、そのような人生を送る若者があってもよいでしょう。

あなたが天才でない限り、多くのことで秀でる事はできません。したがって、多様なことをバランスよく適当なレベルで楽しむのもよいし、絞り込んだ事に全精力を集中して使うのも人生です。


決心だけなら誰でも出来る。しかし小島教授は、二〇代初めの決心を四〇年間にわたって実践し続け、AAA級研究者の座を手に入れたのである。

ヒラノ教授はこれまで沢山の数理工学者を見てきたが、ウィンブルドンのセンターコートに三〇年以上出場し続けた人は、数えるほどしか居ない。一流の研究者といえども、デビューしてから三〇年もすると息切れしてしまうのだ。

還暦を過ぎても研究に対する情熱を失わないのは、特別な事情がある人だけである。たとえばカーネギー・メロン大学のエゴン・バラス教授は、七〇代半ばまでウィンブルドンに出場したが、それは選手デビューが、鉄のカーテンの向こう側・ルーマニアの政治犯収容所から脱出した三〇代後半になってから、という特殊事情があったからである。

また八〇歳を超えた今もなお現役を続けるベトナムのホアン・トイ教授は、世界の舞台に登場したのが、ベトナム戦争後一〇年経ってからだから、本格的活動はまだ四〇年に届いていない。

純粋数学者の場合、研究能力は二〇代でピークに達し、四〇歳を過ぎると研究の第一線から退く人が多い。一生走り続けなければならないエンジニアと違って、数学者は若いうちにいい業績を上げれば、その後はゆっくり暮らせるらしい（羨ましいことだ）。

数学研究には、鋭い直感（感性）と強靭な論理力が必要である。ところが論理の連鎖は年齢と共に短くなっていく。そして四〇歳を過ぎると、若者との競争に勝てなくなってしまうのである。

応用数学者（数理工学者）の場合、五〇過ぎまで現役が勤まるのは、恐らく論理よりも直感（岡潔博士が言うところの情緒？）と分析力の方が重要だからだろう。問題の所在が分かれば、既存の方法の組合せで解決に繋がる場合が多い（解決できない場合はさっさと撤退し、別の問題を探せばいいのである）。

純粋数学と違って、応用数学は具体的な答えを導くことができなければ、遅かれ早かれ行き詰まる。小島教授が三〇代に取り組んだ「不動点問題」は、その典型である。ここに現れたのが、カーマーカーに始まる「内点法」である。小島教授は不動点問題で培った実力を生かして、この分野のチャンピオンになった。

九〇年代に入ると、この問題にもひとまず決着がついた。そこに出現したのが、「半正定値計画問題」である。そして小島教授は世界の強豪を向こうに回して、三階級制覇の偉業を達成したのである。

しかし二〇〇〇年を過ぎる頃、この分野も一つのプラトーを迎えた。ところが小島教授はここで四つ目のテーマ、「多項式最適化問題」に新天地を見出すのである。この問題をうまく解く方法が見つかれば、小島教授は七〇歳になるまで研究を続け、四階級制覇を遂げる可能性は十分にある（ヒラノ教授が知る限り、四階級制覇を果たした日本人は一人もいない）。

学部四年生から数えれば五〇年、ウィンブルドンの檜舞台に立ってから四〇年にわたって、第一線で活躍することになるわけだ。

では、これほど研究に打ち込んだ小島教授の〝特殊事情〟はどこにあるのだろうか。以下は、ヒラノ教授の推測である。

一つ目は、学生時代に先輩教授から、数々の差別的な言葉――今で言うところのアカハラ――を浴びたことだろう。「君の論文は、工学博士号に値しない」、「この大学に、君がいる場所はない」等々。

このような批判が的外れだったことは、今や明らかである。小島教授の研究は、企業や組織における重要な問題を解決する上で、大きな役割を果たしたのだから。

母校から放出された先の東工大には、東大・京大出身の教授はいても、私学出身者は一人もいなかった。パーマネント・ポストを手にするには、誰にも有無を言わせない研究業績を上げなくてはならない。このことに気付いた小島助手は、すべてを投げ捨てて研究に没頭したのだ。

幸運だったのは、東工大が出身大学のいかんを問わず、実力がある研究者を適正に処遇する大学だったことである。もし東大であれば、小島教授ほどの実力者でも、よその大学に放出されていたのではなかろうか。実際、京大と東工大を出た二人のスター研究者も、東大では教授にしてもらえなかったのである。

二つ目は、上に紹介した文章にあるように、〝手ごろな〟ライバルがいたことである。自分の手が届かない大天才、たとえば伊理教授のような人は、師にはなりえてもライバルにはならない。

小島教授は、いともあっさり、手ごろなライバル・ヒラノ教授を追い抜いた。そこに出現したのが、マイケル・トッドという手ごわいライバルである。ライバルは次々に登場した。これらのライバルに助けられて、小島教授はウィンブルドンで優勝を果たしたのである。

一方、追い抜かれたヒラノ教授は、小島教授の背中を必死に追いかけた。最後まで追い付くことはできなかったが、四二キロのレースを走り切ることが出来たのは、小島教授のおかげである。

小島教授は、停年前の二年間、東工大の数理・計算科学専攻の専攻長を務めた。アメリカの有力大学では、（本人が望めば別だが）小島教授のような Distinguished Professor（卓越した研究業績を挙げた教授）に、このような雑用係を押しつけることはあり得ない。

定年後の小島教授はどこに行くのか。アメリカの大学か。それとも日本の大学か。ヒラノ老人はかたずをのんで見守っていたが、何と移籍先はヒラノ老人が辞めたばかりの中央大学だった。

ただし雑用の負担が無い、研究オンリーの特任教授として、これから先も研究に取り組むということである。

二度目の定年を迎えたのを機に、研究生活から足を洗ったヒラノ老人は、小島教授がウィンブルドン大会で活躍する間は生きていたいと思っている。

第六章
谷崎潤一郎に次ぐ才能

吉田夏彦教授を取り上げたのに、もう一人の大スター・江藤淳教授をパスすれば、読者はヒラノ教授が江藤教授を心よからず思っているからだ、と〝邪推〟するだろう。

これまでに書いた本の中で、ヒラノ教授はこの人の常人離れした行動をいくつか〝暴露〟したので、邪推されても仕方がない部分もある。しかし以下の文章を読めば、真意を理解していただけるはずである。

〝江藤教授は遠きにありて仰ぎ見る人〟と言ったのが誰だったか失念したが、どのような人でもそばで暮らせば、〝おやおや、あれれ〟と思うことがある。江藤教授はその意味では、最も〝あれれ〟が多い人だった。

それにもかかわらずヒラノ教授は、高校時代以来現在に至るまで、この人に〝畏敬の念〟を抱いてきた。畏敬の畏は〝おそれかしこまる〟こと、畏敬の敬は〝うやまう〟ことを意味する言葉だが、〝工学部の語り部〟を目指すヒラノ老人が、江藤教授に抱いている気持ちを表す言葉として、これ以上相応しいものはない。

例年三人に二人が合格する、都立日比谷高校の入学試験に失敗したヒラノ青年は、板橋区にある私立高校で一年間雌伏したあと、競争率一〇倍の試験をくぐり抜けて、日比谷高校に編入学を果たした。

当時の日比谷高校には、東京中のすごい奴らが集まっていた。東京だけではない。下関、新潟、広島などから、親元を離れてやってきた大秀才もいた。

配属された二五ルームで突出していたのは、天皇と呼ばれた数学の天才・相羽孝昭と、「超」勉強マシーン・野口悠紀雄である。

相羽は、五〇人の平均点が四点という幾何学の試験で、八〇点を一人占めした（ヒラノ青年は一〇点だった）。一方、野口は誰よりも国語がよくできた。平均点が六〇点の試験で、常に一人だけ九〇点以上の成績を取った。

ところが、上には上がある。日比谷高校の名物国語教師・増淵恒吉氏は、〝日比谷高校一〇〇年の歴史の中で、国語三傑は一が谷崎潤一郎、二が江藤淳、三が野口悠紀雄〟と言ったそうだ。

ナンバーツーの江藤淳（本名江頭淳夫）氏は、ヒラノ青年が日比谷高校に入った時すでに、慶應大学文学部在学中に書いた『夏目漱石』で、文壇で注目される存在になっていた。その早熟ぶりは、高校時代に西洋史の発表（日比谷高校の歴史の授業は、学生が分担発表する形式で進められていた）を、フランス語でやったことに表れている。

江藤青年は、大学卒業後は一度も定職につくことなく、一九七一年に三九歳で東工大人文・社会群の〝社会学〟担当助教授に採用されるまで、一匹狼生活を送った。

専門の文学ではなく、社会学助教授として採用されたのは、文学ポストに空きがなかったからだが、七〇年代初めの東工大人文・社会群は、文学者を社会学者に粉飾する〝柔軟な〟組織だった（八〇年代初めにも、統計学者ではないヒラノ教授を、統計学教授として採用してくれた）。

一匹狼・江藤教授には、生涯を通して連帯を組んだ石原慎太郎氏など何人かの盟友と、その何倍もの敵がいた。東工大に採用されたころ、「すべての人は敵だ」と言い放ったそうだが、東工大の同僚を指して言ったのか、文壇人のことを言ったのかはともかく、歯に衣を着せない辛辣な言説は、多くの敵を作った。

文芸評論では、有名作家の本でも、出来が良くなければはっきりそう指摘する。論壇時評では、たとえ友人でも、おかしなこと言う人には明快に反論する。批評家たるものは、そうでなければ存在価値が無い、ということである。

しかしこれができるのは、はっきりした価値基準を持ち、自分に絶対的自信を持つ人だけである。ヒラノ教授がこの人を畏敬する理由の一つはこれである。

エンジニアであるヒラノ教授は、江藤教授の文芸評論家・文明評論家としての業績について論ずる気はさらさらない。人文・社会群時代は暇だったので、江藤教授が書いたものはできる限り目を通していたが、江藤教授の評論を論評したら、文系読者から嘲笑を浴びること必定だからである。

ここでは、ヒラノ教授が一九八二年に人文・社会群に赴任してから、江藤教授が東工大を早期退職して、母校の慶應大学に移る一九九〇年までの八年間の、〝大学人としての〟江藤教授に話題を絞ることにしよう。

ヒラノ教授を筑波大学の修羅場から救出して下さったのが、吉田教授であることは既に書いた。だからヒラノ教授は、周囲から吉田派だと見られていた。

〝悪い奴が連れてきたからと言って、悪い奴とは限らない〟という吉田教授と違って、敵味方を峻別する江藤教授のことだから、ヒラノ教授を招くことに異を唱えてもおかしくなかった。ところが江藤教授は、この人事に好意的だったという。

その理由として思い当たるのは、日比谷高校の後輩であること、数学が良くできる（と思われていた）こと、そして若手経済評論家として注目されていた、斎藤精一郎、野口悠紀雄両氏の友人であることの三つである。

良く知られているとおり、江藤教授と日比谷高校との関係は、長い間良好ではなかった。数学ができなかったため、東大受験に失敗した江藤青年が、翌年慶應大学の文学部に入学したことを知った日比谷高校の教師が、「君は案外伸びなかったね」という侮蔑の言葉を発したのが原因で、江藤青年は日比谷の門をくぐろうとしなかったという。

しかしその教師が辞めた後は、日比谷に対する愛校心が戻ったようで、ＯＢ団体である「如蘭会」が主催する、「トワイライト・フォーラム」から講演を依頼された時は、快く引き受けている。

本人も認めているとおり、高校時代の江藤青年は、全く数学が出来なかった。そのためか、数学ができる人はそれだけで偉く見えたらしい。日比谷には、相羽天皇のような数学の天才がうようよしていた。江藤青年の同級生の中にも、東工大の辻井重男教授のように数学が出来る人がたくさんいた。

ヒラノ教授の数学力では、数学者はつとまらない。しかし工学部の応用物理学科・数理工学コース出身のヒラノ教授は、辻井教授並みに数学に強いと誤認されたらしい。

斎藤精一郎、野口悠紀雄の二人は、佐藤栄作内閣が明治一〇〇年記念行事の一環として募集した「二一世紀の日本」懸賞論文で最優秀賞を受賞して以来、ジャーナリズムの寵児になったスター・エコノミストである。

この二人の友人であるというだけで、ヒラノ青年は一目置かれた可能性がある。ところがヒラノ青年は、勤務先との関係で名前を出せなかったものの、実は始めからこの論文の作成に関わっていたのである。

後にこの論文をベースにした、三人連名の本『二一世紀の日本――十倍経済社会と人間』が東洋経済新報社から出版されているが、永井陽之助教授とともに佐藤総理のブレーンを務めた江藤教授は、この本ができるまでのいきさつを知っていたのである。

関係が良好とは言えない吉田・江藤両教授と同僚になった〝吉田派〟エンジニアは、江藤教授と個人的に付き合う時間を最小限にとどめ、同僚たちには江藤教授との関係を伏せておいた。

最初の二年間、ヒラノ教授が江藤教授と顔を合わせるのは、月に二回だけだった。第三水曜の一時から三時まで開催される人文・社会群の学科会議と、そのあとに続く工学部教授会、そして第二水曜の午後に開かれる大学院社会工学の専攻会議である。

欠席がちな教授が多い中で、吉田・江藤両巨頭は、欠かさず学科会議と教授会に出席していた。

学科会議では、主任が学科主任会議について報告したあと、様々な問題が議論されるのであるが、ナイーブなエンジニアは、最初の二年間、文系大物教授のレトリック合戦に脳みそがよじれた。

しかし、何が議論されているか分からなくても、別段困ることはないので、すべてを聞き流して二年を過ごした。ところが三年目の一九八四年に、学科主任に選出されてしまったため、状況が変わった。

本来は別の人の当番だったのだが、何らかの事情でこの人が辞退したため、江藤教授が反対しなかったのが理由で、何も知らないエンジニアに、お鉢が回ってきたのである。

主任となれば、あれこれ知っておかなくてはならない。そこで、誰からも信頼されている道家教授が停年退職した後は、〝よろずトラブル承り役〟を引き継ぐとみられている、法学担当の奥脇助教授に教えを請うことにした。

日比谷高校の六年後輩にあたる奥脇助教授は、文系集団の中で、ヒラノ教授が気兼ねなく話が出来るただ一人の人だった。〝一〇年近くこの組織で過ごしてきたこの人に聞けば、大体のことは分かるはずだ――〟。

予想通り、この人は何でも知っていた。左派・右派両グループの間に横たわる〝活断層〟問題。大学院担当問題と中抜き大学院構想。高齢助手問題。コンチネンタル事務官と鬱病助手問題。そして〝人文・社会群八八年問題〟。

東工大に赴任してすぐにご挨拶に伺った情報科学科のS教授が、「あんなややこしいころに、良く来ましたね」と言った通り、一頃ほどではないものの、この学科はかなりややこしいところだった。

そこで以下では、若手教官たちを悩ませてきた〝八八年問題〟、すなわち〝江藤教授問題〟について説明しよう。

ヒラノ教授が学科主任に選出された当時の最長老教授は、翌年停年を迎える政治学の永井陽之助教授で、その次が技術史の飯田賢一教授、論理学の前原昭二教授、文化人類学の我妻洋教授。そして八九年春には、吉田教授と道家教授が揃って停年を迎えることになっていた。つまりこれから先五年の間に、六人の教授がいなくなるのである。

在野の一匹狼に、念願の〝官職〟を提供してくれた永井教授という重石がある間は、江藤教授の権力志向には歯止めがかかっている。永井教授が辞めた後も、吉田・道家両教授がいる間は、行動を謹んでくれるだろう。

しかし、八九年以降も残るのは、江藤教授以外には、穐山貞登教授（心理学）、香西泰教授（経済学）、川嶋至教授（日本語・日本事情）、飯島茂教授（文化人類学）、そしてヒラノ教授の五人である。

これらの中に、江藤教授に対抗できる人はいない。したがって、八九年以降この学科は、江藤教授のやりたい放題になるのではなかろうか。これが、若手教官が怖れる八八年問題の核心である。

では江藤教授は、なぜそれほど恐れられていたのか。

第一は、自分の領土である文学グループにおける〝圧政〟である。

この学科には、一一人の教授と七人の助教授に対して助手ポストは五つしかないのだが、その一つは江藤教授の占有ポストになっていた。ところがどの助手も、長くは務まらなかった。助手というポストは、普通三年程度は勤めるものである。ところが、ある助手は江藤教授の圧政に耐えかねて一年で職を辞し、またある助手は無能のレッテルを張られて、二年で放出された。

文学担当助教授や、日本語・日本事情担当教授に対する扱いも、極めて苛酷だった（今の言葉で言えば、アカハラそのものである）。

それぞれに優秀な人だったはずだが、谷崎潤一郎に次ぐ才能の持ち主から見れば、大抵の人は無能である。学内だけではない。江藤教授は学外でも多くの人を敵に回して、大喧嘩を繰り返していた。

理系と違って、文系の学問は言葉の戦いである。言葉の戦いで、谷崎潤一郎に次ぐ言葉の天才・江藤教授に勝てる人はいない。しかもこの人は、人一倍権力欲が旺盛だった。文系の助教授は、江藤教授が権力を握れば、無能のレッテルを貼られてイビリ出されるのではないか、と心配していたのである。

しかし、ヒラノ教授にとって、これは取り立てて大きな問題ではなかった。学科の中で吉田教授とともに数学が分かるヒラノ教授は、江藤教授から一目置かれていたし、この年の春に数学力を駆使して、長くこの学科を悩ませてきた〝クラス編成問題〟を解決したため、〝魔法使い〟のような存在になっていたからである。

では江藤教授の独裁とは、何を意味するのか。

大学における権力行使の対象は、予算、スペース、人事の三つである。ところが、学科内の予算配分には、前々から決まっているルールがある。スペース配分も、そもそも文系一般教育グループには、居室と図書室以外にスペースは無い。だから、争いが起こるとすれば人事だけである。

永井教授や吉田教授が辞めた後、後任を選考する際に意見が対立することは十分にありうる。例えば、（自分のケースに習って）江藤教授が社会学ポストを文学ポストに流用しようと画策すれば、大問題になる。しかし、学園紛争で学科が混乱していた時期であればともかく、さすがの江藤教授でもそこまではやらないだろう。

このようなわけで、文系教官にとっては大問題であっても、ヒラノ教授にとって八八年問題は、大きな問題ではなかったのである。

長い間、毎日新聞紙上で文芸批評を担当した江藤教授は、このころも朝日新聞で論壇時評に健筆を揮っていた。教養が無いエンジニアとって、この種の文章は分かりにくいものだが、江藤教授の文章は珍しい例外だった。

〝文章〟について言えば、忘年会の席上で、ある若手助教授と江藤教授の間でかわされた会話を、ヒラノ教授は今でもはっきり記憶している。

「先生はあちこちに文章を発表されていますが、先生のようになるには、どうすればいいのでしょうか」

「そうですね。毎年三〇〇〇枚の原稿を三年間書き続ければ、本物と言えるようになるでしょう。君にはそれができますかね」

「三〇〇〇枚を三年ですか。うーん」

当時のヒラノ教授は、二〇枚の原稿を書くのに一週間近くかかった。エンジニアとしては、これでも早い方だと思われるが、これでは年一〇〇〇枚にも届かない。

ロールズ助手こと藤川氏に向かって「商業価値が無い文章は書いても意味が無い」と言い放った江藤教授のことだから、三〇〇〇枚はすべて商業価値がある文章でなくてはならない。

大学の講義や政府の審議会などの仕事もあるから、執筆に充てられるのは週に三日が限度だろう。となると、書く日には三〇枚くらい書くということだ。

論壇時評を書くには、『文藝春秋』、『中央公論』、『世界』などのオピニオン雑誌や、おびただしい数の新聞論評などに目を通さなくてはならない。また、文芸評論を書くためには、沢山の小説を読まなくてはならない。その中には、つまらないものもあるだろう。

ヒラノ教授はこの当時、月平均二編の論文を査読する生活を送っていたが、つまらない論文、難解な論文を読むほど苦痛なものはない。

後年、工学部の語り部を目指すようになったヒラノ教授は、いつも江藤教授の〝年三〇〇〇枚を三年〟発言が頭を離れなかった。どうすれば、それだけ沢山書けるのか。たどり着いた結論は、〝一度書いたものは書き直さない〟ことである。

講演記録がそのまま文章になる、二人の日本人の一人である江藤教授（もう一人は吉田教授である）は、頭の中で組み立てた文章を、一気に吐き出すのではなかろうか。場合によっては、編集者もしくは慶子夫人が、口述したテープから文章に起こすこともあっただろう。

ヒラノ教授は何回か、自分の講演記録を読む機会があったが、そのたびに目がつぶれた。講演記録に手を入れるより、はじめから書いた方が早いくらいである。その上書いた文章も、何回も書き直しが必要だった。このようなことでは、商業価値がある三〇〇〇枚の文章を書けるようにはならない。

ところが、語り部生活を始めてから一年半を経た今、ヒラノ老人は年に二〇〇〇枚の原稿が書けるようになった。講演の時のように、思ったことをパソコンに打ち込む。何枚か打ちこんだあと、読み直して修正する。そして五〇枚くらい書いた後、文章の凸凹を直し、配置を入れ替える。

紙の上では一〇〇時間かかるこの作業が、パソコン上ではその四分の一程度で済むのである。かくしてヒラノ教授は、年に二〇〇〇枚を達成できるようになったのであるが、エンジニアが書いた文章のマーケットは小さいので、商業価値があるのは一〇〇〇枚程度（年に三冊）に過ぎない。

江藤教授がパソコンを使えば、年に六〇〇〇枚は書けるはずだが、あの人はパソコンごときは使わない（使えない？）から、依然として三〇〇〇枚が限度だろう。だとすれば、今後研鑽を積めば、いずれ〝畏敬〟する江藤教授の半分まではいけるのではないかと考え、ヒラノ老人は今日もキーボードを叩き、マウスを動かすのである。

慶子夫人のことが出たついでに、江藤教授と夫人について書いておこう。

ヒラノ教授自身はお目に掛かったことはないが、ヒラノ教授の秘書であるミセスKは、とても感じがいい人だと言っていた。文学関係者の間でも、（教授本人はともかく）慶子夫人について悪く言う人はいなかったようである。

江藤教授は愛妻家だった。そして、慶子夫人は教授の妻であり母でもあった、というのが定説である。たしかにその通りだろう。しかし二人の間はすべてうまくいっていた、という説にはやや疑義がある。

なぜなら、江藤教授は文学者という職業に、特別なプライドを持っていたからである。

エンジニアには変わった人が多いが、文学者の中にも変わった人が沢山いる。人間の本性をあぶり出すのが仕事の文学者は、人の道に外れたことでも平気でやる。家族や友人を困らせることなど朝飯前である。そうでなければ、人間の本質を描くことはできない。これが文学者の間の合意事項である。

江藤教授は慶子夫人を熱愛していた。しかしその一方で、文学者としての嗜みも十分にあった。たとえばこんなことがあった。

八九年に学科主任を引き受けるにあたって、学科運営をスムーズにするため、江藤教授は数人の教授を向島の高級料亭「亀清」に招いて、手打ち式を演出した。

ご招待かと思ったところ、翌日二一万÷六人＝三万五〇〇〇円也の会費を請求されたヒラノ教授は憮然とした（これは数多い〝あれれ事件〟の一つである）。それはともかくとして、手打ち式が終わったあと江藤教授は、同僚を玄関先で見送って、芸者とともに一人だけ奥に消えたのである。

ここでは書かない（書けない）が、文学者の嗜みはこれ以外にも沢山ある。文学者は一通りすべてを勉強しておかなければならない――。

大学からの給料を上回る副収入がありながら、この人の財布が軽いことは、多くの人が知っていた。お金を持たせると良からぬことをする心配があるので、夫人が持たせないようにしているというのが、若い助教授の間でもっぱらの噂だった。

一連の〝ヒラノ教授シリーズ〟で、江藤教授の〝あれれ〟事件をいくつか紹介したので、ここではそれをすべて省略して、この人のキャンパス生活を紹介しよう。

大多数の文系教授と違って、この人は、こと〝大学〟や〝官職〟というものに対してきわめて誠実だった。会議には常時出席していたし、講義もきちんとやった。そして、一九八七年から二年間は、工学部の評議員を務めている。

評議員というのは、工学部においては工学部長に次ぐ要人である。一般教育という〝二級教官〟集団から評議員が出るのは、極めて珍しいことである。権力が大好きな江藤教授にとって、これは望みうる最高のポストだった。

評議員に選出された時の喜びようは、若手助教授の酒の肴になった。それと同時に彼らは、これで江藤教授の権力欲は満たされたはずだ、と安堵したようである（この思惑ははずれた）。

講義に話題を転じれば、江藤教授は、志望者の中から二〇人ほどの優秀な学生を選抜して、毎年様々なテーマについて、面白い講義をやったようである。ヒラノ老人より一〇歳ほど若い東工大教授のK氏は、「江藤教授の『源氏物語』の講義は、一生の思い出だ」と言っていた。

その一方で、不真面目な学生に対してはとても厳しかったそうだ。授業開始定刻になると、教室の扉に内側からカギをかけて、遅刻学生を閉め出したとか、途中退席しようとした学生に向かって、チョークや椅子を投げつけたという噂もあった（事実かどうか分からないが、大いにありそうな話である）。

江藤教授は講義に多く時間を割いていた。これに対して、もう一人の看板教授である永井陽之助教授の講義は、毎年『平和の代償』の繰り返しだったそうだ。

一九八四年に主任を引き受けた時、ヒラノ教授は次にこの仕事が回ってくるのは一〇年先だと思っていた。ところが、この四年後の一九八八年に、またこの仕事が回ってきた。当番になっていた香西教授が、急に「日本経済研究センター」に理事長として転出することになったので、やむを得ず引き受ける羽目になったのである。

主任に選ばれた時、ヒラノ教授は社会学助教授を選考する委員会のヒラ委員を務めていたが、ここに経済学教授選考委員会の委員長という大役が回ってきた。新しく設置される選考委員会の委員長は、学科主任が勤めることになっていたためである。

委員の中には、次期主任候補の江藤教授がいる。まさか、経済学教授ポストに文学者を押し込むようなことあるまいと思いつつ、ヒラノ教授は第一回委員会を招集した。

そこで江藤教授の口から出たのが、筑波大学社会科学系の渡辺利夫教授である。前任者である香西教授の強い推薦があったということだが、八年間筑波で暮らしたヒラノ教授は、かねてこの人を知っていた。

筑波大学の社会科学系は、ヒラノ助教授が勤務していた計算機科学科（電子・情報工学系）以上の修羅場だと言われていた。東京教育大学の筑波移転紛争で、多くの有力文系教授が転出した後、ここは村松剛、中川八洋両教授など右派教授の砦になっていたのである。

このような集団の中で、マル経出身の中道教授が身を処していくのは、計算機応用が専門のヒラノ助教授が、ハードウェア陣営に領土を略奪された計算機科学科で生き延びるより、遥かに難しい。

ヒラノ助教授の友人の間で、ヒラノ救出作戦が練られたのと同様、渡辺教授の周囲でも救出作戦が進められていた。江藤教授が提案し、人事委員長に異論が無い人事は、あっという間に決着した。

ところがその後が問題だった。筑波大学社会学類の学類長を務めるA教授（元スタンフォード大学教授）が、渡辺教授の転出に強い難色を示したのである。

考えられることは、カリフォルニア大学から引き抜いたばかりの、大物文化人類学者・我妻洋教授を、数年前に東工大の人文・社会群が引き抜いたことである。（ヒラノ青年のような）無名助教授ならともかく、有力教授をもっていかれるのは由々しきことである。

しかも、その数年前には、教育大学の理学部長を務めた前原昭二教授が、同じく人文・社会群に〝盗まれて〟いる。我妻教授の転出が〝事件〟なら、学部長という要職を務めた前原教授が、一般教育組織に移籍するのは、〝大事件〟である。

〝人文・社会群は、次々と有力教授を引き抜くドロボー集団だ――〟。A教授はこう考えたのである。

ヒラノ教授は、スタンフォード大学に留学していた時、A教授のお宅に招かれたことがあるが、留学生の間で定説になっていた通り、この人は〝ディフィカルトな人〟だった。ややこしいことになったものだが、こういうときは、人事委員長が先方に出向いて、ひたすら頭を下げるしかない。

困ったことになったものだと思っていたところに、（次期主任の）江藤教授が同道を申し出てくださった。〝へなちょこエンジニアではダメでも、日本を代表する武闘派論客が出ていけば、うんと言うだろう――〟。

A教授はあれこれ嫌味を言ったが、最終的には認めざるをえない。なぜならこの人がノーと言っても、渡辺教授がイエスと言えば、止める手立てはないからである。A教授がやれることは、江藤教授を引っ張り出してうっぷんを晴らすのが精一杯だった。

運転しながら行き帰りの車で交わした江藤教授との友好的会話と、A教授との敵対的会話は、いまでは懐かしい思い出である。

なお渡辺教授は、東工大に移籍してから大ブレークし、今は拓殖大学総長として、また中国脅威論を説く論客として大活躍している。


江藤教授は予定通り、八九年四月に学科主任に就任し、八八年問題は現実のものになった。天才高校生がそのまま大人になったような江藤教授は、権力を利用してあれこれやってくれたのである。しかしそれは、ヒラノ教授に被害を及ぼすようなものではなかった（実質的被害は、「亀清」の三万五〇〇〇円だけだった）。

学科主任を退任して間もない一九九〇年、江藤教授は停年まで二年余りを残して、慶應大学に転出した。東工大以上に愛着を持っている、慶應大学文学部に凱旋する江藤教授は、〝文学者の里〟鎌倉に邸宅を購入した時に劣らないくらいうれしそうだった（若い助教授たちもうれしそうだった）。

ところが蓋をあけて見ると、転出先は文学部ではなく法学部だった。文学部教授会が江藤教授の就任を拒否したのだという。学生時代に、指導教官である西脇順三郎教授に忌避された、江藤教授のような強い（強すぎる）人に、教授会をかきまわされるのは御免だという人が多かったのである。

人事委員長なるものは、〝絶対に〟通してもらえるという確信が無ければ、教授会での投票を申し出ることがあってはならない。投票まで行ったら、絶対に通す。これがまともな大学の常識である。そうならなかったのは、まことに異例である。

しかし、東工大を辞めることを公表したあとだから、戻るわけにはいかない。ここに救いの手を伸ばしてくれたのが、法学部だったというわけである。

その一年後、江藤教授は藤沢に新設された環境情報学部に教授として招かれた。しかしここは、江藤教授が満足できる場所ではなかった。そして、再び定年まで二年の時間を残して、大正大学に転出するのである。

藤沢での最終講義は、そのままの形である、オピニオン雑誌に掲載された。「福澤先生が泣いている」のセリフで有名になったこの講義録を読んだヒラノ教授は、度肝を抜かれた。そこには、環境情報学部のレベルの低さを嘆く言葉がちりばめられていたからである。

ヒラノ教授でも驚いたくらいだから、慶應関係者の驚きは想像を絶する。江藤教授を招いた人事委員長は、怒りのあまり同じ雑誌で、江藤教授の非礼をなじっている。

ヒラノ教授には、江藤教授の言い分も、人事委員長の怒りもよく分かる。やはり〝江藤教授は遠きにありて仰ぎ見る人〟なのだろう。

この後ヒラノ教授は、江藤教授にお目に掛る機会はなかった。そして、〝愛妻を失った老人の六割が三年以内に死ぬ〟という言い伝え通り、江藤教授は夫人を癌で失って間もなく、自ら命を断ったのである。〝自分の選択を諒とせよ〟と言う遺書を残して。

第七章
突き抜けたエンジニア

七人目は、九州にトラバーユした藤川氏から、〝東工大三奇人〟のポストを譲り受けた、白川浩博士である。

この人については、『すべて僕に任せてください　東工大天才モーレツ助教授』（新潮社、二〇〇九）の中で詳しく紹介したが、〝大岡山七人の天才〟を紹介するにあたって、この超人を外すわけにはいかない。そこで、なるべく上記の本と重複しないように留意しながら、白川博士の超人振りを記すことにしよう。

一九八八年の晩秋、大学に勤めるようになって一五年目にして、はじめて助手ポストが割り当てられたヒラノ教授は、早速人探しを始めた。しかし、これはと思う人はすでに就職先が決まっていた。残っているのは、出来が悪い人もしくは問題含みの人が多い。

出来が悪ければ、高齢助手誕生リスクを覚悟しなくてはならない。問題含みの人は周囲が迷惑する。両方揃ったら最悪である。その上、相性も考えなくてはならない。石橋教授と富田助手ほど極端なケースは珍しいが、教授と助手のミスマッチは、しばしば不幸な結果を招くからである。

どうすべきか思案しているところに声をかけてくれたのが、経営システム工学科の森雅夫助教授である。

「七年ぶりに博士号を取った、白川浩という秀才が居るのですが、嫁入り先の大学が採用を二年先に延ばして欲しいと言ってきたので、あのポストがまだ塞がっていなければ、しばらく預かってもらえませんか」と言う。

二つ年下の森助教授は、ヒラノ教授の古くからの友人で、大学教授の鑑というべき存在である。この人の弟子であれば間違いないとは思ったが、

「数理的能力では、白川の右に出る者は居ませんが、少し変わったところがあるので、御迷惑をかけることがあるかもしれません」という言葉に不安を感じたヒラノ教授は、森研究室の才媛・吉瀬章子氏に問い合わせた。返って来たのは、「あの人はスゴイ人です」という言葉だった。

何がスゴイのかと言えば、週六日間早朝から深夜まで研究室に張り付いていること。廊下中に響き渡る大声で、〝内緒話〟をすること。真冬でもワイシャツ一枚で暮らすこと。大岡山から五駅先の目黒にある銀行まで、自転車でお金を下ろしに行くこと（電車賃を払うのが勿体な

いからだということだが、経営システム工学科では、〝機会コスト〟という概念を教えているはずなのに、はてさて）。

〝かなり変わっているが、人文・社会群には藤川助手のような人も居ることだし、二年だけならどうにかなるだろう〟。

ヒラノ教授はこの年の四月に、日本OR学会の中に金融工学に関する研究会を立ち上げ、毎月一回研究会を開いていた。歴史的バブルの中で、この研究会は金融ビジネスに勤めるエンジニアたちから、〝熱狂的〟に迎えられた。しかし、ここに集る人の九〇%は実務家で、大学からの参加者は、いつまで待っても一ダースを超える事はなかった。

声をかけた大学のエンジニアは、金融工学のようなリスキーな分野にコミットすることを躊躇した。また、拝み倒して参加してもらった経済学者も、実務的研究に関心がなかったためか、二～三回で姿を見せなくなった。

実務家だけの研究会は、早晩行き詰る。一年でつぶれたら物笑いだ。経済学者や純正エンジニアに敵視されていたヒラノ教授にとって、白川博士の参戦は何にもまして心強いものだった。

しかし数理的能力は折り紙つきでも、ついこの間まで「待ち行列理論」の研究をしていた人が、「ファイナンス理論」で実績を挙げるまでには、数年かかるだろう。こう思っていたところ、白川助手は就任して一年も経たない一九九〇年初めに、〝金利オプション〟に関する画期的論文を発表した。

この論文は、創刊間もない『Mathematical Finance』誌に掲載され、世界的な注目を集めた。編集長を務めるイリノイ大学のスタンリー・プリスカ教授は、「日本に、これほど本格的なファイナンス研究者が居るとは驚きだ」と白川助手の実力を絶賛した。また東大を訪れていた、ウォータールー大学のフェリム・ボイル教授も、「この人はいずれ、世界の数理ファイナンスを背負って立つことになるだろう」と予言した。

プリスカ教授とボイル教授は、いずれも金融工学（数理ファイナンス）の大立者である。

資産運用理論の専門家と、数理ファイナンス理論のエースがペアを組むことによって、OR学会研究会の活動は新たなフェーズを迎えた。参加者はぐんぐん増えて、二年目が終わる頃には、案内状の発送先は四〇〇人を超えた。

東工大には、理数は傑出しているが、英語や国語が苦手な学生が多い。その原因は、この大学の入試制度にある。

センター試験の成績をもとに、定員の四倍で足切りを行ったあと実施される二次試験は、数学が二五〇点（一五〇分）、物理と化学がそれぞれ一五〇点（各一二〇分）、そして英語が一五〇点（九〇分）の合計七〇〇点である。したがって、理・数で八割以上の点を取れば、英語の点が少々悪くても合格ラインを超える。

一方理・数の得点が七割以下なら、英語で頑張っても勝目はない。だからこの大学を受ける学生は、英語や国語の勉強には余り時間を割かないのである。合格者グループと不合格者グループの英語の得点分布が全く同じだという事実が、その動かぬ証拠である。

さて、高校時代に理科・数学は九〇〇人中の一番、英語・国語は九〇〇人中の最下位近辺を低迷した白川青年は、目出度く東工大に現役合格した後、経営システム工学科に進学した。

卒業研究では、経営財務が専門の古川助教授の研究室に所属し、金融機関への就職を目指したが、健康診断で非A型・非B型肝炎（いまでいうC型肝炎）にかかっていることが発覚して不合格になった。

入院加療のため一年休学したあと復学し、公認会計士への道を目指すも、この試験に失敗してしまうのである。

公認会計士試験は、数ある国家試験の中の最難関である。一次試験は五時間にわたる短答式試験。二次試験は六科目、合計一二時間の論文試験である。その内容は（企業）監査論、租税法、企業法、管理会計論、財務会計論の五科目と、経営学、経済学、民法、統計学の中から一科目である。

東工大の経営システム工学科には、経営財務論の講座がある。しかし、この学科の中心課題は経営工学だから、公認会計士試験に関係する講義は、一橋大学商学部の五分の一以下である。いかに白川青年が頭脳明晰で集中力があっても、一年程度の勉強で一橋大卒を出し抜くのは、至難の業である。

　しかし、二回目もダメとなると、三回目も怪しい。東工大の入試に二回失敗した学生は、三回目もまず受からない。理・数が弱い学生がいくら勉強しても、尖った才能を持つ学生に叶わないのと同様、国語に難がある男が、論文形式の試験に受かる可能性は小さいのである。

　このことに気付いた青年は、再び方向転換を図った。持って生まれた数理的才能を生かすべく、待ち行列理論が専門の森助教授の門を叩いたのである。白川青年の才能と不運を知っていた森助教授は、一八歳年下の青年を受入れ、残された唯一の道、即ち〝研究者〟としての人生を歩むべく手を貸した。

　博士号を取得するには、二編の論文をレフェリーつきジャーナルに発表することが条件とされているが、〝いつ寝るのだろう〟と不思議がられるほど研究に没頭した白川青年は、この条件を軽々とクリアして、七年ぶりの博士になった。

　ヒラノ教授の助手になった白川青年は、東工大で最も安普請の第四新館の六階にある小部屋を与えられた。狭いながらも自分の城を手に入れた白川助手は、週六日をここで過ごし、一日一五時間研究に励んだ。週九〇時間を五〇週続ければ、年で四五〇〇時間になる。

ヒラノ教授の経験から言えば、継続的に勉強できるのは一日一四時間まで、年に五〇〇〇時間が限度である。しかもこれは極限的な状況、たとえば超競争的環境にある米国の大学に留学したような場合に、はじめて可能になる数字である。

白川助手がこれほどまでに研究に打ち込んだのは、この時すでに、自分の命が長くないことを知っていたからかもしれない。

毎日一五時間も勉強すれば、それ以外のことに廻す時間はない。実際白川助手は、世の中で起こっている大事件、たとえば一九九一年一月一七日に始まった湾岸戦争を、二月に入るまで知らなかったくらいである。

五〇年近い歴史を持つ待ち行列理論と違って、ハリソン＝プリスカの画期的な論文が出てから七年にしかならなかったこの時代、数理ファイナンスの世界には、重要な未解決問題が沢山残されていた。

八九年から九二年までの三年間で、白川助手は六編の論文を書いたが、ファイナンス分野でこれより多くの論文を書いた日本人は、一人しか居ない。

しかし論文というものは、内容が優れていても審査をパスするとは限らない。九〇年に数学系の『Mathematical Finance』誌に掲載された論文で有名になった白川助手は、そのあとに書いた論文を、採択率が五分の一以下と言われる、経済系の専門誌『Journal of Finance』や『Econometrica』誌に投稿した。

ところが、〝経済学後進国〟である極東日本の、〝工業〟大学に所属するエンジニアが投稿する論文は、経済学者の重爆撃に見舞われた。

似たようなことを経験したヒラノ教授は、それ以後は経済系のジャーナルへの投稿を見合わせた。幸い九〇年代に入ると、金融工学を専門に扱うジャーナルが次々と創刊されたから、グレードを気にしなければ投稿先に困ることはなかった。

ヒラノ教授は白川助手に、再三にわたってそのあたりの事情を説明した。しかし、グレードにこだわる天才は、二度、三度とこれを繰り返し、軒並み拒絶（もしくは大幅改訂）査定を受けた。この結果白川助手は、論文を投稿する意欲をそがれてしまうのである。

白川助手を特徴付けるキーワードは何かと聞かれれば、ヒラノ教授は、〝0―1人間〟、〝正義漢〟そして〝サービス精神〟の三つを挙げる。

0―1人間とは、白黒が極端にはっきりしている人のことを言う。正しいことと正しくないこと、好きな人（こと）と嫌いな人（こと）、価値があることとないことの区別が、極めてはっきりしているのである。東工大にはこういう人が大勢居るが、白川助手ほど極端な人は見たことがない。

数理ファイナンスが面白いとなれば、それまで取り組んできた待ち行列理論には見向きもしない。食事に割く時間とお金が無駄だと判断すれば、朝昼マクドナルドのハンバーガーをコーラで流し込む。

好きな人（特に女性）にはトコトン尽くすが、そうでない人には挨拶もしない。研究者はバケモノ（神様）でなければ幼稚園児扱い。学生は秀才でなければ白痴、といった具合である。

白川助手は、世の中の不正を嫌った。特に嫌いなのは、本来やるべきことをやらずに、不当な利益を享受することである。

本気で研究していない教授、手抜きばかり考えている事務官、奨学金を貰いながら勉強しない留学生、そして全く競争力がないにも拘らず、不当な報酬を手にしている金融機関の経営者が、嫌悪の対象になった。白川助手がロールズ助手と意気投合したのは、二人とも正義を重んずる人だったからだろう。

白川助手は、五〇〇円玉一枚で一日を過ごすタック助手を上廻る、大の倹約家だった。寝泊りは大学のオフィスの床の上、ウィークデーは朝昼マクドナルド。

土曜の深夜に家に帰り、月曜の朝二つの弁当を持って出勤する白川助手の生活費は、月五万円もあれば足りただろう。収入の五〇％以上は貯蓄に廻ったはずだ。

ヒラノ教授の助手として過ごした三年間は、白川博士の短い生涯のうちで最も幸せな月日だったはずだ。やりたいことだけをやっていれば良かったのだし、公認会計士試験の失敗から立ち上って僅か四年で、数理ファイナンス研究のエースになったのだから。

二〇歳違いの教授と助手は、ウマが合った。では、どちらが馬でどちらが騎手か。世間は白川助手が馬だというだろうが、それは違う。ヒラノ教授は、白川騎手の鞭を受けて、全力疾走する馬だったのである。

教授と助手のこの親密な関係は、女性事務官の疑惑を招くほどだった。アメリカ出張の際に、二人がホテルの部屋をシェアしたことを知ったとき、この事務官は犯罪者でも見るような目でヒラノ教授を見た。

予約もせずにナッシュビルにやってきた白川助手が、泊まるところがないといって転がり込んできたため、一夜を同衾することになったのである。しかし、同じベッドで寝ていたのは一時間に過ぎない。夜が明ける少し前まで、白川助手はロビーで研究発表の資料を作っていたからである。

完璧を期す白川助手は、何事も締め切りぎりぎりまで仕事が終わらなかった。「投資と金融のOR」研究部会のときも、配布資料が出来上がるのは発表の一時間前だった。そのあと、学生たちが総動員で一〇〇人分のコピーを作るのだが、結局必ず時間に間に合わせるのは、さすが〝時間に遅れるな〟が合言葉のエンジニアである。

これだけの人材には、早晩どこかから声がかかると思っていたところ、三年目の一九九二年四月に、筑波大学の講師に迎えられた。

三〇代半ばにさしかかった白川講師は、何回もお見合いを繰り返した。いわゆる三高条件のうち、〝高学歴〟はAAA、二つ目の〝高収入〟もAである。田中角栄内閣が教員人材確保法案を通して以来、大学教官の給料はかなり改善されたから、専門知識を生かした株式運用から得られる利益を加えれば、高収入条件をクリアしたはずだ。

しかし、もう一つの高身長はD、健康状態もCもしくはDである。また女性から見ると、特異なライフスタイルと周囲に響き渡る内緒話は、絶対にDだ。

一方、0—1人間が女性に求める条件は、一に頭脳明晰なこと、二、三がなくて四が料理上手なことである。特に厳しい条件ではないが、折から筑波には、政府機関に勤める大量の独身男性が溢れていた。筑波お見合い市場は、男三に対して女一である。

数回の見合いに失敗した白川講師は、「女性は信用できない。結婚なんかしないぞ！」と絶叫するようになった。何度となくこの叫び声を聞かされたヒラノ教授は、〝気の毒だがそれが正解だろう〟と思っていた。この人より頭脳明晰な人はまず居ないし、そういう人は料理がうまいとは限らない。条件を満たさない相手と暮らしても、長続きしない。

こう思ったのは、ヒラノ教授だけではなかった。白川講師の結婚問題はNP完全だというのが、友人の間での定説だった。なおこの人が、四〇歳の大台を目前にして結婚問題の答えを見つけたあと、筑波大学の二人のNP完全男も答えを見つけた（NP完全グループに属する問題は、そのどれか一つが解ければ、ほかの問題も解けるのである）。

白川講師は、四年にわたるOR学会の研究部会の幹事役を終えた後、一九九二年の秋に設立された「応用数理学会・数理ファイナンス研究部会」の幹事役を務めるようになった。折から日本の有力大学には、欧米から次々と有力なファイナンス研究者が訪れた。そして、それらの研究者に触発された東京大学の楠岡成雄教授が、「数理ファイナンス研究部会」に顔を出すようになった。

楠岡教授は、〝ウォール街で最もよく知られた日本人〟とよばれた確率論の世界的権威・伊藤清教授（京都大学）の薫陶を受けた、数学界のプリンスである。プリンスが参入すれば、それを取り巻く若者たちがこれに続く。かくしてこの研究会は、高度な数学的議論を闘わせる場になった。

白川博士は、工学部では確率論のチャンピオンだった。この人を凌ぐ人が居るとすれば、それは兄弟子の木島正明博士だけだった。ところが楠岡教授は、数学者集団の中でも飛び切りの秀才である。この人は白川青年の前に現れた、空前絶後の大バケモノだった。

楠岡教授に私淑した白川講師は、東大の楠岡研究室に出入りするようになった。他流試合は大いに推奨すべきことである。しかし出稽古はいつの間にか本稽古に変わっていた。楠岡研究室は、金融ビジネスから派遣された大学院生で賑わっていたが、白川講師がこれらの学生の指導を請け負うようになったためである。

東京大学理科一類に入学する約一〇〇〇人の学生のうち、二〇〇人から三〇〇人は高校時代に数学者になりたいと思っていた人である。ところがこれらの人の多くは、大学に入って楠岡教授のような人を目のあたりにして、軌道修正を余儀なくされる。数学者には上には上、そのまた上がある。こんな脳味噌のオバケと闘っても、勝てるはずがない――。

ところが、学生時代に数学の天才と付き合う機会が無かったお山の大将・白川講師には、数学者に対する免疫がなかった。そのため、楠岡教授の私設助手として三年を過ごすうちに、数学者カルチャーに感染しまったのである。

数学者と応用数学者（数理工学者）は、似て非なる生き物である。数学者にとって大事なことは、〝美しさ〟である。一方、数理工学者にとって大事なことは、〝役に立つこと〟である。いかに美しい数学理論でも、役に立たないものは意味がないし、たとえ美しくなくても、役に立てばそれでいいのである。

数学者にとって大事な数理ファイナンスとは、数学的に美しい理論であって、具体的な問題の解決に役立つかどうかは二の次である。伊藤解析がストラノビッチ解析になり、さらにマリアヴァン解析へと進んでいくのを見て、ヒラノ教授は数理ファイナンス研究部会から手を引くことにした。

〝数学者〟になった白川講師は、一九九五年の春、古川助教授が教授に昇進したあと、その講座の助教授として東工大に戻ってきた。東工大出身のエンジニアにとって、東工大助教授は最高のポストである。

経営財務講座は、これまでの会計学と経営財務理論に加えて、〝金融工学〟という新領域をカバーする必要がある。このような条件に合う候補としては、かつて公認会計士を目指し、今や数理ファイナンスのチャンピオンになった白川博士以上の人はいない。ところが、本人はこの話に乗り気ではなかった。

助手だった三年間は、やりたい事だけをやっていれば良かった。研究会の幹事役は大変だったが、これは金融ビジネスに勤めるエンジニア（その多くは東工大出身者）のためであり、自分のためでもあった。

筑波大学の講師はどうかといえば、一学期一コマの講義と多少の雑務（図書委員といった類いのもの）がある程度で、面倒を見る学生も学部・大学院合わせて数人だった。ところが東工大の助教授は違う。

講義の数や指導する学生の数はそれほど多くないが、会計学のような〝役には立つが面白くないこと〟を教えなくてはならないし、それ以外の雑務が多いのである。すべてのロードを合計すると、筑波時代の二倍以上になる。

その上、ここには厄介な人間関係がある。教授・助教授一〇人中の八人までが、同じ学科の先輩である。人文・社会群がオアシスだとすると、ここは長幼の序を重んじるラグビー部である。

最終的にこのポストを受けたのは、古川教授と森教授、そして二年前にこの学科に移籍したヒラノ教授が、東になって説得した結果である。


九五年二月に東工大に赴任した白川助教授は、早速四月から学科の幹事役を仰せつかった。この学科には一学年四〇人の学部生と、一学年三〇人余りの修士課程の学生、そして一〇人程度の博士課程の学生の合計で、二〇〇人を上廻る学生がいる。

予算と設備は人文・社会群の五倍以上である。予算が多ければ事務量も多い。また、学生が引き起こす様々なトラブルの後始末をするのは、学科主任と幹事である。出なくてはならない会議も多い。

有能な学科主任は、事務官をうまく使って楽々とこの業務をこなす。このような主任の下で働く幹事は幸せである。しかしすべての教授が、事務処理能力にたけているわけではない。

工学部における有能さの条件は、〝拙速〟である。一〇〇％完璧を期すと一〇〇時間かかるが、九五％で良ければ五〇時間で済むような場合、一〇〇％ではなく九五％を目指し、残りの五％は問題が指摘されたときに追加・修正する。これが拙速の意味するところである。

しかし、拙速が嫌いな0―1助教授は、すべてに完璧を目指したため、手の平に仕事を書き付けて走り廻るようになった。研究・教育・雑務で手一杯のはずの東工大助教授は、依然として東大私設助手も兼務していた。

これだけ仕事を抱えると、ウィークエンドも家に帰っている時間はない。そこで西小山に下宿することにしたのだが、ほとんどはオフィスのソファー・ベッドで寝ていたようだ。

ところがこの年の秋、願ってもない幸運が訪れた。筑波大学に赴任して以来毎年応募し続けた、文部省の在学研究員に当選したのである。これにあたると、国のお金で一〇ヶ月の間、外国の研究機関で自由に研究が出来る。

旅費と滞在費を合わせて七〇〇万程度のお金が支給される上に、出張期間中の給料も七掛けで支払われる。若い研究者にとっては、一生に一度のチャンスである。

白川助教授は学生時代から、アメリカ留学を夢見ていた。ところがこの人が選んだのは、アメリカではなくベルギーだった。

経済学としてのファイナンス、すなわち金融〝経済学〟を勉強するならアメリカに行くのがいい。エンジニアのファイナンス、すなわち金融〝工学〟を勉強するにもアメリカがベストだ。しかし数学としてファイナンス、すなわち数理ファイナンスを研究するなら、この分野の大物であるドーフマン教授が居るベルギーも悪くないかも知れない。ここを選んだのは、白川助教授が数学者になってしまったことの証だった。

ドーフマン教授の共同研究者を務めた白川助教授は、帰国後は東大の私設助教授に昇格した。そして数学者になってしまった0―1人間は、エンジニアのファイナンスには関心を示さなくなったのである。

このまま行けば、ヒラノ教授と白川助教授の研究上の付き合いは終わっていただろう。しかし、世の中とは不思議なものである。一九九六年六月、東京工業大学に新たに大学院「社会理工学研究科」が発足し、二人が「理財工学講座」の教授・助教授として、ペアを組むことになったのである。

ヒラノ・白川研に所属する約三〇人の学生は、たて一〇メートル×横三〇メートルほどのだだっ広い研究室の、東半分と西半分に分かれて暮らしていたが、東と西は全くカルチャーが異なる空間だった。

ヒラノ研究室では、週一回二時間のゼミ、それも学部と修士の学生全員（一〇名程度）で行っていたのに対して、白川研究室は学部と大学院生は別々に、しかも不定期にゼミを開催していた。

三時から始まって六時に終わればラッキー。六時からはじめて一〇時、時によっては六時―一二時ということもある。そしてこの時間、白川助教授は学生たちを徹底的にしごくのである。それは白川助教授が、学生時代に木島助手から受けたトレーニング以上のものだった。東半球はオアシス、西半球は相撲部屋である。

それにも拘らず、白川研にはこの学科のエースが集ってきた。外資系金融機関に入って、バリバリやろうと考えているギラギラ学生である。金融機関の間では、白川助教授の令名が鳴り響いていたから、この研究室に所属すれば就職のチャンスが広がる。

実際、白川研の学生の多くは、リーマン・ブラザースやモルガン・スタンレーなどの外資系金融機関や、国内では最難関といわれる、興銀フィナンシャル・テクノロジー社などにスカウトされた。

熱血指導によって、西半球の学生は優れた修士論文を書いた。しかしそれらの大半は、専門ジャーナルに掲載されずに終わった。

一方東半球の学生の多くは、マイルドでバランス感覚に溢れた学生だった。彼らが書いた修士論文の八割は、専門ジャーナルに掲載された。

この違いを一言で言えば、数学科と工学部の違いということが出来るだろう。工学部では、沢山の論文を書くことが至上命令である。金融工学のような新しい分野には、解きたい問題がゴロゴロ転がっている。これを解く方法は、おおよそ見当がついている。しかし自分で実験したり、プログラムを書いたりしている時間はない。

そこで、大学院生の協力を得て問題を解き、論文にまとめようという発想が生まれる。こうすれば学生一人につき一編、うまくすれば二編の論文がまとまる。工学部では当たり前の、学生との共同研究である。

ところが数学者は違う。彼らにとって大事なのは、論文の数ではなく質である。どうでもいい論文を沢山書くより、レベルの高い論文をたまに書く方がいいのだ。

その上数学に実験は不要だから、学生の力を借りる必要もない。彼らから見れば、工学部教授は学生を搾取しているということになる。

白川研究室の学生たちの優れた論文が公刊されなかった理由は、研究者を目指す人が少なかったこと、数学者にとってその内容が美しくなかったこと、そして学生を〝搾取〟することを潔しとしなかったことのいずれか、もしくはすべてである。

白川助教授は数学者になってしまった。しかし、この人の本務は工学部助教授である。役に立つ研究を目指すエンジニアと、美しい理論を追い求める数学者の間には齟齬が生じた。

「なるべく多くの論文を書くべきだ」VS「数が多ければいいというわけではない」

「引受けた仕事（たとえば本の原稿）は、たとえパーフェクトでなくても納期は守るべきだ」VS「仕事は完璧を期すべきだ。早ければいいというものではない」

「学生との共同研究の成果を論文にまとめて業績を稼ごう」VS「学生を搾取するようなことはしない」、等々。

何回かのやり取りのあとヒラノ教授は諦めた。これ以上議論しても平行線だし、研究科長を務めるヒラノ教授には、数学者と議論している暇は無かったのである。こうして二年が過ぎた。

一九九八年の春、金融工学を研究するための施設「理財工学研究センター」を設立する構想が持ち上がった。

翌年四月に発足したこのセンターは、ジャーナリズムの注目を浴び、センター長は毎週のようにインタビューを受けた。

「このセンターは何を目指しているのか？」

「日本の金融機関は、欧米の金融機関と対等に戦えるようになるのか？」

「東大の先端経済工学研究センターとのバトルに勝利できるのか？」

こういった質問のあとに続くのは、「白川浩さんはどんな人ですか？」という質問である。理財工学センターに移籍したスーパースターの噂を聞いてきたらしい。これに対してヒラノ教授は、次のように答えた。

「白川さんはスゴイ人です。学生時代の指導教官は、〝天才クン〟と呼んでいました。数学については数学者並み、ファイナンスについては経済学者以上、会計学については公認会計士並み、そして情報システムについても、プロ級の知識を持つスーパー・エンジニアです。こんな人は、日本中探しても白川さんしかいません。世界中でも何人も居ない逸材です」

「金融機関の人も、そう言っていました」

「もう一つ言えば、白川さんは典型的な0―1人間で、一旦こうと決めたらそれだけに一〇〇％エネルギーを投入し、ほかの事は目にも耳にも入りません。動き出したら最後、誰にも止められない一〇〇万キロワットの原子炉みたいな人です。実際、彼はすでに産学協同ですごいプロジェクトをスタートさせています」

「どんなプロジェクトですか？」

「インターネット上のオークションで、個人が有望な企業に直接投資することを可能にするシステム作りです。日本の金融機関は、中小企業にはお金を貸してくれません。それどころか、貸し剥がしまでやっています。

一方、お金を持っている個人は、ゼロ金利政策の影響で資金運用に困っています。もし三%の金利を払ってくれるところがあれば、多少のリスクがあっても喜んで投資するでしょう。また利益が上がるにも拘わらず、銀行からお金を借りられない中小企業は、喜んで四%の金利を払うでしょう。この両者をインターネットで繋ごうというわけです」

「そんなことが出来るんですか？」

「もちろん難しい問題はあります。個別の企業の信用リスクをどうやって測定するか。財務データの統一的表現法、セキュリティー問題、契約履行の保障と罰則規定、誰がこのシステムを運営し責任をもつか、などです。

それ以外にも、いろいろ難しい問題はありますが、白川さんはそれに対してすべて答えを用意しています。先ほど言ったように、彼はこのプロジェクトで必要となる、あらゆる技術に通じています。すでに五つの企業から協力の約束を取り付けています。必ずうまく行くという保証はありませんが、私は白川助教授に賭けてみようと思っています」

「すごいプロジェクトですね」

「そうです。このプロジェクトが成功すれば、日本の金融システムは世界をリードするものになるはずです。そして白川助教授は、単なる金融エンジニアではなく、社会改革者として名を残すことになるでしょう」

このあと白川助教授は、このプロジェクトに全力投球した。五年の計画期間に基礎を固め、六年目から実用システムを稼動させる——。

このプロジェクトを実施するには、金融に関わるすべてのこと、すなわち経営財務理論（会計学、企業評価法）、金融諸法（企業法、金融取引法など）、金融経済学、金融工学、情報システム技術に関する知識が必要である。

ところが白川助教授はこれらのすべてについて、専門家並みの知識を身につけていた。長い廻り道をしたかに見えたが、この人は自分が蓄積したものをすべて動員して、このプロジェクトを構想したのである。

二〇〇〇年に、四〇歳の若さで教授に昇進した白川博士は、以後三年このプロジェクトのために生命を捧げた。そして二〇〇二年四月に入院する直前まで陣頭指揮を続けた。しかしその時既に、がん細胞がすべての臓器を蔽い尽くしていた。

白川教授が死んだのは入院から三週間後、四二歳の誕生日を迎えた直後である。その数ヵ月後に、数理ファイナンスの旗艦ジャーナル『Mathematical Finance』誌が、巻頭にヒラノ教授による追悼文を載せている。

白川教授は、この雑誌の編集委員を務めたことはない。またここに掲載された論文は、助手時代に書いた三編に過ぎない。それにも拘らず追悼文が載るということは、これらの論文が如何に優れたものであるかを示している。

それだけではない。経済学者に撃沈された（少なくとも三編の）論文も、これに劣らずインパクトがあるものだった。『Journal of Finance』には載らなかったものの、これらは東京工業大学のＩＨＳＳ（人文・社会群）レポートとして世界の研究者に配布され、一流の研究者たちに高く評価されていたのである。

プリスカ、ボイル両教授が予言したとおり、順調に行けば白川教授は世界の数理ファイナンスのリーダーになったはずだ。しかしこの人は、数学者（数理ファイナンス研究者）であることに満足できなかった。本当に人々の役に立つ仕事をやりたいという情熱が、インターネット・ファイナンス・プロジェクトに駆り立てたのである。

もし白川教授がもう五年長生きしていたら、そして理財工学研究センターに（当初の計画通り）八人のスタッフがいたとしたら、このプロジェクトは成功しただろうか。Probably not. これが大方の見方だろう。

このプロジェクトがスタートして間もなく、大銀行が中小企業分野に乗り出してきたからである。「新銀行東京」が経営不振に陥ったのは、経営者がボンクラだったこともさることながら、大銀行の食べ残しを相手にせざるを得なくなったところに大きな原因がある。

しかしこれは、白川教授にとっては想定内の出来事だった。プロジェクトにゴーサインを出すべきか否か迷ったセンター長が、大手銀行に勤務する白川教授の親友の「銀行は必ず中小企業分野に乗り出してくるから、このプロジェクトはうまくいかないだろう」という言葉を伝えたとき、白川教授はきっぱりと言った。

「その時のことは考えてあります」と。それが何であるか、ヒラノ教授は聞かなかった。しかし今でもヒラノ教授は、白川教授がこれを迎え撃つ戦略を持っていたに違いないと信じている。


『Mathematical Finance』誌に掲載された写真の中の白川教授は、ワイシャツ姿で腕を組み、あのときのまま笑っている。瞼を閉じると、

「先生、暫くお会いしない間に、随分歳を取られましたね」という大声が聞こえてくる。

確かにヒラノ教授は、白川教授が死んでから一〇年の間に、二〇以上歳を取った。髪は薄くなり、眼の周りの隈はますます深くなった。シャレのつもりで使い始めたステッキも、今では手から離せなくなった。老いは徐々にやってくるのもだと思っていたが、そうではなかった。

「先生。お疲れのようですから、こちらでゆっくりなさいませんか。バカな奴らのことは忘

れて、昔のように二人で楽しくやりましょうよ。そしてゼミのあとは、大いに飲みましょう」

「そうか。飲めるようになったのか。それは嬉しいけれど、僕はこの頃余り飲めなくなってしまった。それにゼミと言っても、何を勉強すればいいのかな。いずれにせよ、まだここでやらなくてはならないことがあるので、そちらに行くのは暫く先になるだろう」

「最近はどのようなことをやっておられるのですか」

「工学部の語り部」

「なんですか、それは」

「そっちに行ったら話しましょう」

「それでは、おいでになるときには、早目に知らせて下さいね」

「この間女房がそちらに行ったので、私が行くまでよろしくお願いします」

「僕に任せてください」

おわりに　ヒラノ教授は奇人か？

白川博士の破天荒な半生を記した『すべて僕に任せてください』の読者の一人は、ブログの中でこの本を、〝奇人が奇人のことを書いた本〟だと評した。

そもそも〝ふつう〟の人間は、大学卒業のあと五年（以上）の時間をかけて博士号を手に入れても、その投資に見合う収益が得られるとは限らない業界に身を投じようとは思わないだろう。この意味からいえば、ヒラノ教授は変人もしくは奇人である。

しかし、変人・奇人度から言えば、白川博士の足元にも及ばない、とヒラノ教授は考えている。そこで最後に、〝東工大では最も普通の人間である〟と考えているヒラノ教授が、奇人か奇人でないかを検証することにしよう。

三つの大学で、三八年にわたる工学部生活を送ったヒラノ教授が見るところ、工学部教授という人種は、大よそ以下の七つのグループに分類することができる。

第一は、自分の才能に自信を持ち、必ず成功すると信じているタイプである。この本に登場した人の中では、ベトナムの形状記憶人間・タック博士、文理両道の哲学者・吉田夏彦教授、小林秀雄と並ぶ文芸評論家・江藤淳教授、そしてNP完全問題に殉じた冨田信夫教授はこのグループに属する。

彼らの多くは、白川博士が〝バケモノ〟と呼ぶ、常人離れした天才である。

第二のタイプは、バケモノほどの才能はないが、研究・教育・雑務を要領よくこなして、教授のポストを手に入れた能吏タイプである。こういう人は、事務能力にも長けているので、大学として欠かせない存在である。冨田助手の上司である石橋教授は、このグループのチャンピオンである。

彼らは、お役人との付き合いもソツなくこなすので、学部長や学長になっても、安心して舵取りを任せることができる（一方、第一タイプの人が学長になると、周りは大変である）。

第三のグループは、大学社会で成功するという確信は持てないが、上から与えられる仕事をやるのは気が進まないので、自由に研究ができる（はずの）大学勤めを選択し、運よく教授スゴロクで上がった人たちである。苦節三〇年の末、三段跳びで学長になったロールズ助手は、このグループに属する（ヒラノ教授もこのグループのメンバーである）。

第四は、研究者以外の選択もありえたが、先輩・友人・親などの影響で大学に残った人たちである。この本に登場した人の中では、小島政和教授はこのタイプの人である（違っていたらゴメンなさい）。

第五のタイプは、大学を出て民間企業もしくは公的研究機関に入ったあと、顕著な研究業績を上げて大学に呼び戻された人たちである。一九六〇年代以降の理工系部門大拡充の際に、次々と新学科が設立されたのを機に、かなりの数の研究者が外部からスカウトされている。民間企業出身の人は、大学で野放しにされていた人に比べると、バランスの取れた人が多い。一方、公的機関から来た人は、大学一筋の変人族と大きな差はない。

第六グループは、傑出した実力・実績はないが、毛並みやコネ（もしくはゴマスリ）で教授ポストを手に入れた人である。業績評価があいまいな文系学部には、このタイプの教授がゾロゾロ居るらしいが、一流大学の工学部では少数派である。

最後の第七グループは、上のどれにもあれはまらない〝不思議な〟人たちである。たとえば、東工大でヒラノ教授の同僚だったT教授は、若い頃は次代を担うエースと目されたものの、教授との確執でエネルギーを使い果たし、不思議な人になってしまった人である。

またヒラノ教授の隣のオフィスに住んでいたN助教授も、なかなか答えが出ない難問にはまり込んで、東工大三奇人の仲間入りを果たした。

民間研究所から大学に移った頃のヒラノ青年は、特に変わったところが無いフツーの人間だった。ところが、以下に記す「工学部の教え・八ヶ条」に従って二五年余りを過ごすうちに、こんな人になってしまった。

「工学部の教え・八ヶ条」

第〇条　索引がない本は読まないこと
第一条　決められた時間に遅れないこと（納期をも守ること）
第二条　一流の専門家になって、仲間たちの信頼をかち取るべく努力すること
第三条　専門以外のことには軽々に口出ししないこと
第四条　仲間から頼まれたことは、（特別な事情がない限り）断らないこと
第五条　他人の話は最後まで聞くこと
第六条　学生や仲間をけなさないこと
第七条　拙速を旨とすべきこと

この八ヶ条は、優れた先輩・同僚の言動をもとに、ヒラノ教授が編集したものであるが、その意味するところについては、『工学部ヒラノ教授』（新潮社、二〇一一）を参照して頂きたい（なお第〇条は、工学部に進学して最初に教わったにもかかわらず、最近まで忘れていたもの

である)。

工学部教授にとっては当たり前のこの教えは、文系の皆さんには新鮮に映ったようである。ある文系読者はブログの中で、これらの教えを守ることが出来る人は、工学部だけでなくどの世界でも一流になれるはずだ、と書いている。

もちろんいつ何どきでも、このすべてを守っている工学部教授はそう多くない。その一方で、文系教授の中にも(少数ながら)このルールに従っている人が居る。

たとえば、山下和美氏の人気マンガ『天才・柳沢教授の生活』に登場する柳沢良則教授は、これらの教え(第〇条と第七条を除く)を守っている奇特な経済学部教授である。

経済学者の中には、人格・識見・能力の三拍子が揃った人が、二〇人に一人くらいの割合でいるものだが、柳沢教授はそのような人の一人だと思っていた。

ところが、この人のモデルになった古瀬大六・小樽商科大学教授(山下氏の父君にして、後の横浜国立大学教授)は、ヒラノ教授同様、オペレーションズ・リサーチという、文と工の間に位置する分野の研究者で、経済学者ではありませんでした。

筑波大学で、〝ポット出の〟助教授——先輩教授は、助手を経験せずに助教授になった無常識青年をこう呼んでいた——を務めていた時代、ヒラノ青年が守っていたのは、第〇、二、四、六条の四つだけで、それ以外の教えが身に付いたのは、東京工業大学に移籍してからである。

なお第三条は時折破ってしまったが、それは（一部の）経済学者や法学者のモラルのなさに憤慨して、つい口を出してしまったためである。

ヒラノ教授は、東工大の中では変人だった。まずは、東工大で指折りの奇人（冨田・白川・タック博士）のお友達であることと、東大応用物理学科三変人（T教授・N助教授・冨田助手）の仲間であること。

人は言うだろう。〝奇人のお友達は奇人に決まっている〟と（吉田教授であれば、〝奇人のお友達だからと言って、奇人とは限らない〟と弁護して下さるだろうが）。

それだけではない。エンジニアのお城で、エンジニアが嫌いな金融工学の研究をやったり、週刊誌に株取引の連載記事を書いたり、AT&Tベル研究所と特許庁を相手に特許裁判を起こしたり、田町にある付属高校に東工大を宣伝する看板を立てたり、東工大の内情を暴露する本を出したり、エトセトラ。

純正エンジニアたちは、東工大の常識とかけ離れたことをやらかすヒラノ教授を、とんでもない変人だと考えていたようである。変人集団から変人と見られているヒラノ教授は、変人の二乗だろうか。それとも変人の○乗、すなわち常人だろうか。

そこで以下では、ヒラノ教授を二三年間にわたって支え続けた、秘書の〝ミセスK〟の言葉を紹介することにしよう。

＊

ヒラノ先生は、毎朝始発電車に乗って大学に出てみえて、夕方六時ころまで研究室で過ごしていました。仕事が溜まっているときは、日曜まで出勤されるとやら。研究室の滞在時間は、法学や経済学の先生の一〇倍くらいだと思います。

ある時、キャンパス内を車で移動する私のことを、「（ディズニーの漫画に出てくる）犬のグーフィーみたいに、車のハンドルに手が張り付いていますね」と言って笑いましたので、

「先生こそ、研究室に身体が張り付いているじゃありませんか」と言い返したくなりました。

驚くことはいくつもありました。

まずは、〝エンジニアは拙速がモットーだ〟とやらで、助手や学生に仕事を頼む時は、必ず「拙速でお願いね」と仰るんですね。拙速というのは、〝速いだけで質が悪い〟という意味だと思っていましたが、工学部では仕事が速いことが最も大事なんだそうです（注：工学部では質は速さのあとからついてくるものなのです）。

時々白川先生を相手に、

「この仕事はあまり急がなくてもいいよ」

「いつまででしょうか」

「明日の朝まででどう」

「はい、わかりました」なんてやりあっていましたので、笑ってしまいました。

もう一つの口癖は〝効率〟でした。ヒラノ先生は法学担当の奥脇先生同様、二〇〇人のクラスを担当なさっていましたが、出欠の取り方が全く違いました。

奥脇先生は、毎回出欠票を配り、授業が終わったときに回収して、お持ち帰りになります。それを集計するのは私の仕事ですが、一枚ずつ名簿に書き写すのは大変でした。二〇〇人分が一三回ですから、全部で二五〇〇枚もあります。学期末にはこの集計に一週間かかりました。

一方のヒラノ先生は、一三回分名前を記入できる出欠表を二組作っておいて、講義開始後三〇分と六〇分に二回まわします。学生は毎回決められた欄に、自筆でサインするのです。あとで筆跡鑑定して代筆がバレたら、本人も代筆した人も欠席扱いにするのがルールです。

二回まわすのは、途中で教室を抜け出せないようにするためです。それでも、途中で逃げ出す学生がいるので、四回まわしたこともあったそうです。でも、「そこまでやると、おかしな人だと思われますよ」と奥様にたしなめられて、一年でやめたと言っておられました。

この方式ですと、学期末の集計は二〜三時間で済みます。これは本当に効率がいいやり方だと思いました。

ただしそのあと、ちょっと面倒なことがありました。試験の成績（一〇〇点満点）の七四％と、出席点（二六点満点）を足し合わせて総合得点を計算するのです。不合格（六〇点未満）の人が一五％を超えるときは、出席点をかさ上げします。得点表をにらんで、「出席点を二六点（一回二点）から二八点に変更しましょう」という具合です。すると不思議なことに、不合格者がちょうど一五％になるんです。いつも手品みたいだと思っていましたが、数学が苦手な私にとって、この計算はとても厄介でした。先生は、足し算と掛け算だけだと仰るんですけどね。

一五％以上落とすと、翌年再履修する人が多くなって厄介だし、学生時代の成績と、社会に出てから成功するかどうかは全く関係がない、ということが〝統計的に〟検証されているので、出席していた人には、試験などやらずに単位をあげてもいいくらいだと仰っていました。

私が通っていた成城大学の文系教授には意地悪な人が多かったので、工学部の先生は学生に優しいんだなと思いました（注：そのとおり。工学部教授は、いかにして多くの学生に単位を出すか、日夜腐心している生き物なのです）。

おかしなことは、ほかにもいろいろありましたね。ダイエット中だといいながら、時々大岡山の駅前でアップルパイを買ってみえるのです。三時にコーヒーをお出しするときに、「どのくらいお切りしましょうか」とお伺いすると、

「一二〇度でお願いします。いや太るといけないので、一〇〇度くらいにしておきましょうか」ですって。でも、一〇〇度となるとどう切ればいいのか。数学をやっている人は変わっているなあ、とつくづく思いました。

もう一つは、万歩記録です。先生は、筑波時代に車生活をなさっていたせいで、体重がどんどん増えて、お医者様からこのまま行けば糖尿病間違いなし、と脅かされたそうです。そこで東工大に移ってからは、毎週七万歩以上歩くという目標を立てて、毎日よく歩いておられました。

変わっているのは、三〇年にわたって記録をつけて、体重と歩いた歩数に関する統計分析をやっておられたことです。三〇年間（一六〇〇週）で目標達成できなかったのは、五〇週間だけと言うのがご自慢で、三〇年分のグラフを見せてくださいました。

でもこれで分かったことは、歩いた歩数と体重とは何の関係もない、ということなんだそうです。そんなこと、一年やれば分かるのではないでしょうか（注：一年では分かりませんが、三年やればわかります。あとの二七年は単なる趣味です）。

もう一つおかしなことは、会議でいつも原稿書きの内職をなさることです。会議では議題の

一覧表が配られるので、それを見て大事なところだけ聞いて、それ以外の時間は、原稿書きをおやりになるのです。

会議は出ていさえすればいいのだそうですが、本当にそんなことでいいのでしょうか？（注：大体の会議はそれでいいのです。だってそうでしょう。白根火山観測所運営委員会で、ストックしておいたインスタント・ラーメンを、学生が全部食べてしまったので、どうしたらいいでしょうなんてお話、どうでもいいではありませんか）。

おかしなことはまだまだありますが、白川先生が助手になられてからは、ヒラノ先生はまだフツーだと思うようになりました。東工大にはヘンな人が沢山いるということですが、この人は本当に変わってしまいました。

「ヒロシ君にとっては、神様、タダの人、ダメな人の三種類しか居ません。タダの人は無視されるだけで済みます。ダメな人にされたら、あの人の数学力は幼稚園児並みだ、なんて言われかねません。今のところ、私は神様だと思われているようですが、怠けているとタダの人にされてしまうので、頑張らなくてはなりません」と仰っていました。

一万人に一人の天才助手に合わせてペースを上げていくご老体（失礼）を見ていて、エンジンが焼き切れるのではないかと心配していましたが、先生は

「これでも、企業に入った人たちに比べればずっと楽だから、頼まれた仕事を断ることは出

来ない」と言っておられました。

この頃の先生は、新聞・雑誌や学会誌などから原稿を頼まれることが多くなり、毎日特注の原稿用紙にシャープペンで書きまくっていました。〝片手にシャープペン、片手に消しゴム〟で、書いては消し消しては書いているのを見ていてつい、

「書くより消す方が多いんじゃありませんか」と言ったらムッとして、

「書くより消す方が多かったら、さっきお渡しした原稿は白紙だったはずです」と仰いました。でも、私に声を荒げたのは、このときが最初で最後です。

先生はコンピュータがお嫌いで、インターネットやメールもお友達から、「いまどきメールを使わない人は社会の敵だ」と言われて、しぶしぶ使うようになったくらいです。

先生のお友達の冨田先生が、「コンピュータを使うと頭が悪くなる」と言っているから使わないと仰っていましたけど、普通だったら、「頭が悪いからコンピュータを使えない」ではないかしら。


先生は、中大に移ってからは講義が二倍、学生数が三倍になったので大変だけれど、その一方で雑用が半分以下になったので、全体的に見ればトントンくらいだと仰っていました。

ときどき、大学時代の同期生の方で、中央大学三奇人のナンバーワンと呼ばれているT先生

が話し込んで行きましたが、言われているほどおかしな人だと思わなかったのは、白川先生とお付き合いしたからでしょうか。それとも、二〇年以上工学部にお勤めしたせいで、私もおかしくなったのかしら（注：ミセスKは二〇年経っても、とてもノーマルな人でした）。

東工大を停年退職された後、先生はなるべく東工大には近寄らないようにしていると言っておられました。その件について、こんなことを書いておられました。

「東工大に赴任した一九八二年当時、この大学は一分間に一回転する木馬のような所でした。私はその素晴らしい乗り心地を堪能させてもらいました。

ところが、九〇年代初めに実施された教育課程の大綱化以来、回転数は二倍になり、九〇年代半ばの大学院重点化以降は、三倍になりました。中にいると分らないのですが、停年退職したときにばったり地面に手を付いたのは、乗ったときに比べて、回転速度が二倍になっていたからです。

ところが独立法人化が行われたあと、回転数は更に倍になりました。二〇年前に比べると、五倍以上になったということです。乗っている人は気が付かないのでしょうが、外から見ていると目が廻ります。このスピードでは、飛び乗ってみても振り落とされてしまうでしょう。

そもそもこの回転木馬の前には、〝六五歳以上の方は御遠慮下さい〟という看板が立っています（注：ヒラノ教授が停年退職した次の年から、停年が六〇歳から六五歳に延長されました）。

今の東工大を見ていると、こんなに速く走って大丈夫なのかと心配になります。MITやスタンフォードを追いかけるには、全力疾走することが必要でしょう。しかし研究や教育という活動は、いわばマラソンのような長距離レースです。マラソンで三〇〇〇メートルレースのようなスピードで走れば、一〇キロあたりでリタイアする羽目になりかねません。

事実、最近ある有力な助教授が、民間に転出した例もあります。こんなに働かされるのでは、研究している時間がない。いっそのこと、気があった仲間と起業して、自分のペースでやりたいと思ったのだそうです。

また中央大学でも、ある有力教授が、研究環境が悪くなったことを理由に、定年まで三年を残して辞めることになりました。研究・教育は長距離レースだということを、ここで再確認する必要があるのではないでしょうか」

＊

ミセスＫの証言は以上で終わりです。さてヒラノ教授は変人でしょうか。それとも常人でしょうか。

あとがき

〝なくて七癖、あって四七癖〟と言う言葉が示す通り、東京工業大学の教員一一〇〇の中には、〝七人の天才〟と遜色ない人が、四七人くらい居ても不思議はない。事実ヒラノ教授は、そのような人をもう五人知っている。

句読点が一〇個しかない、一二〇〇字の修士論文審査報告書を書くY教授。A４用紙は真っ黒けのけである。人に読ませる気がないとしか思えない（本人は読めるのだろうか）。百科事典を読むのが趣味だと仰るM教授。大学時代は勉強とサッカーばかりやっていたそうだが、白川浩教授以上の0―1人間とお見受けした。一期二年の研究所長職に一〇年以上座り続け、国や企業から毎年五〇〇〇万円近い研究費を集める豪腕E教授。「そんなに沢山のお金を、使い切れるのですか？」と訊ねるのは、研究者として一流でない証拠だそうだ。毎年コンスタントに二〇編（三〇年で六〇〇編！）の論文を書くN教授。実験系の研究者は、実験結果が一つ出るたびに、一遍の論文が書けるということだが、三年に一編しか書かない経済学部教授の一〇〇倍の生産量である（彼らは資源の無駄使いだと批判するだろうが）。毎年四～五人の博士を量産するK教授。文部科学省は博士量産をプッシュしているが、K教授が育てた博士たちは、仕事にありつけたのだろうか。

思いつくだけでもこれだけいるのだから、時間をかけて調べれば、もう三冊くらいの本が書けるのではなかろうか。

この本は、定年退職後の〝あり余る〟時間を使って、出版の当てもなく執筆したものであるが、『工学部ヒラノ助教授の敗戦』の際にお世話になった、青土社の菱沼達也氏のご厚意で日の目を見ることになった。

なお登場人物については、御迷惑がかかるといけないので一部仮名を使わせていただいた。末筆ながら、ここで菱沼氏と、〝ヒラノ教授〟の生みの親である新潮社の足立真穂氏に、厚くお礼申し上げる次第である。

二〇一三年三月

今野　浩

著者紹介
今野　浩（こんの・ひろし）
1940年生まれ。専門はＯＲと金融工学。東京大学工学部応用物理学科卒業、スタンフォード大学大学院オペレーションズ・リサーチ学科修了。Ph.D. 工学博士。筑波大学電子・情報工学系助教授、東京工業大学大学院社会理工学研究科教授、中央大学理工学部経営システム工学科教授を歴任。著書に『スプートニクの落とし子たち』（毎日新聞社）、『工学部ヒラノ教授』、『工学部ヒラノ教授の事件ファイル』（共に新潮社）、『工学部ヒラノ教授と４人の秘書たち』（技術評論社）、『工学部ヒラノ助教授の敗戦　日本のソフトウェアはなぜ敗れたのか』（青土社）など。

工学部ヒラノ教授と七人の天才

2013年３月25日　第１刷印刷
2013年４月１日　第１刷発行

著者――今野 浩

発行人――清水一人
発行所――青土社
〒101-0051　東京都千代田区神田神保町１－29　市瀬ビル
［電話］　03-3291-9831（編集）　03-3294-7829（営業）
［振替］　00190-7-192955

印刷所――ディグ（本文）
方英社（カバー・扉・表紙）
製本――小泉製本

装丁――クラフト・エヴィング商會

ISBN978-4-7917-6691-8 C0095